KATAKANA
¡DESDE CERO!

George Trombley
Yukari Takenaka
Hugo Canedo

カ

タ

カ

ナ

I0150725

Katakana ¡Desde Cero!

Métodos probados para aprender katakana con libro de ejercicios integrado.

Distribución

Distribuido en el Reino Unido y Europa por:
Bay Language Books Ltd.
Unit 4, Kingsmead, Park Farm,
Folkestone, Kent. CT19 5EU, Inglaterra
sales@baylanguagebooks.co.uk

Distribuido en Estados Unidos, Canada y México por:
From Zero LLC.
1930 Village Center Cir #3-7559
Las Vegas, NV 89134, EUA
sales@fromzero.com

Prefacio

Japonés ¡Desde Cero! Es una serie de libros de japonés construida sobre gramática comprensible. Katakana ¡Desde Cero! es un libro adicional a esta serie, para personas que están aprendiendo katakana de forma independiente, o utilizarán libros que requieran aprender katakana antes de empezar.

Dedicatoria

Este libro está dedicado y hecho para:

Amantes de la cultura japonesa, aprendices del idioma japonés, personas que ven doramas y anime, principiantes de japonés, fans del JPOP, personas con ascendencia japonesa conectando con su historia y ¡cualquier persona que planeé viajar a Japón!

"Viví en Japón por nueve años y he estado casado con mi esposa japonesa, Yukari, por 20 años, cuando empezamos a escribir la serie de libros *Japonés ¡Desde Cero!*, fue debido a la frustración que nuestros estudiantes y nosotros, teníamos con los libros de japonés disponibles en el mercado. Yo sentía que eran muy rápidos, muy lentos, o muy complicados. El idioma japonés ha enriquecido mi vida en gran medida, y escribir estos libros fue una forma de expresar mi sincera apreciación a todo lo que Japón y el idioma japonés pueden ofrecer"

Todos en el equipo de *Japonés ¡Desde Cero!* ¡Te deseamos éxito en tu camino hacia la fluidez en japonés, y esperamos que este libro sea un sólido primer paso!

Copyright

Katakana ¡Desde Cero!

– CONTENIDO –

0 Lección 0:
Acerca de Este Libro

0 | ¿Por qué aprender Katakana?

Nuevas palabras son constantemente agregadas al idioma Japonés para cubrir las nuevas invenciones como los celulares inteligentes, el internet, nuevos productos etc.
Muchas de estas palabras son "prestadas" de otros idiomas o a veces creadas al combinar dos palabras. Estas nuevas palabras y otras palabras que no están disponibles originalmente en el japonés se representan utilizando el sistema de escritura katakana.

Estos grupos de palabras son normalmente escritas en katakana:

- palabras de origen extranjero   -nombres extranjeros
- nombres de países y ciudades   -nombres de productos
- nombres de compañías   -plantas y animales
- palabras técnicas y científicas   -palabras para énfasis especial
- onomatopeyas

0 | Sistemas de Escritura Japonesa

Hay tres sistemas de escritura japonesa:

- Hiragana (pronunciado "ji-rá-ga-na)
- Katakana (pronunciado "ka-tá-ka-na")
- Kanji (pronunciado "kán-chlli")

Los tres sistemas de escritura se utilizan para escribir japonés. El hiragana y el kanji se utilizan juntos para formar todas las palabras japonesas. El katakana se utiliza para representar palabras de origen extranjero y cualquier palabra que no era originalmente japonesa. En la vida diaria la combinación de estos tres sistemas, más un cuarto sistema llamado romaji (pronunciado ró-ma-chlli), que es una representación de los sonidos del japonés con letras del alfabeto romano se utilizan en todos los medios.

Antes de aprender katakana necesitas saber cómo se representa el japonés en el alfabeto romano (las letras que estás leyendo ahora mismo). La siguiente lección te enseñara como se pronuncia el japonés.

● 0-1. Acerca de los Autores

Por más de 20 años, George Trombley, trabajó como intérprete de Japonés. Interpretando para clientes japoneses en corporaciones como Microsoft, IBM, NTT, DoCoMo, Lucent y en países alrededor de América del Norte, Asia, Europa y el Medio Oriente.

En 1998, Trombley y su esposa, Yukari Takenaka, formaron una escuela de japonés en Las Vegas, Nevada. A través de los años, las clases en vivo formaron las bases para la serie de libros *Japonés ¡Desde Cero!*, y los cursos en la página web FromZero.com

Hugo Canedo es un políglota y traductor de nacionalidad mexicana, con experiencia internacional en educación en idiomas.

● 0-2. !Escribe en este libro!

Este libro es la herramienta que te ayudará a que todo lo que aprendas ¡se te quede! Aprender japonés es trabajo duro, así que queremos que tu conocimiento dure para siempre. Los libros *¡Desde Cero!* están diseñados para ser libros de ejercicios interactivos, en donde puedes hacer notas personales, agregar nuevas palabras o frases por tu cuenta, y desarrollar tus habilidades de escritura desde el nivel ilegible (así empezamos todos) hasta el nivel experto.

Cada vez que escribes en este libro, estás haciendo tu conexión al idioma japones un poco más fuerte – ¡Te lo aseguramos!

Ganbatte kudasai!

George Trombley
Yukari Takenaka
Hugo Canedo

A Lección A:
Guía de Pronunciación

A Sistemas de Escritura Japonesa

Hay tres sistemas de escritura japonesa:
- Hiragana (pronunciado "ji-rá-ga-na)
- Katakana (pronunciado "ka-tá-ka-na")
- Kanji (pronunciado "kán-chlli")

Los kanjis son caracteres chinos, cada uno tiene un significado específico. Muchos kanjis pueden tener múltiples significados y pueden ser leídos de diferentes maneras. Los sistemas hiragana y katakana son caracteres fonéticos (sonidos) derivados de los kanjis. Cada uno de estos caracteres representa un sonido y no tienen significado por sí solos.

Los tres sistemas se usan para escribir el japonés. El hiragana y el kanji se utilizan en conjunto para formar palabras propias del japonés. El katakana se utiliza mayormente para representar palabras de origen extranjero o cualquier palabra adoptada que no es originalmente japonesa.

En la vida cotidiana se utilizan estos tres sistemas en todo tipo de medios de comunicación, más un cuarto sistema llamado *romaji* (pronunciado ró-ma-chlli), que es una representación de los sonidos del japonés con letras del alfabeto romano, que son las que usamos en el español y que estás leyendo ahora mismo.

Antes de aprender katakana, necesitarás saber cómo se representan los sonidos japoneses en el alfabeto romano. Esta lección te enseñará como se pronuncia el japonés. ¡Empecemos!

A Pronunciación del Japonés

Cualquiera puede sonar grandioso al hablar japonés. El idioma español tiene miles de posibles combinaciones de sonidos, el japonés por su parte tiene muchísimas menos. Un poco más de 100 combinaciones de sonidos son todo lo necesario para hablar japonés.

● A-1. Vocales Normales

Las vocales en el español y el japonés utilizan EXACTAMENTE los mismos sonidos, la única diferencia, es que las vocales en japonés tienen un orden alfabético distinto.
El japonés ordena las vocales como a, i, u, e, o.

Ahora veamos algunos de los sonidos que componen el idioma japonés, observa que son sílabas y no letras individuales. Se pronuncian igual que en español.

ka, ki, ku, ke, ko	ma, mi, mu, me, mo
ba, bi, bu, be, bo	na, ni, nu, ne, no

● A-2. Romaji

El romaji es el sistema utilizado para representar los sonidos del idioma japonés con letras del abecedario romano (las que estas leyendo ahora mismo).

Aunque el romaji representa los sonidos del japonés usando las letras que usamos en el español, no sigue TODAS las mismas reglas de pronunciación. Hay algunas excepciones que debes tener en cuenta para que tu pronunciación en japonés sea excelente.
Si lo necesitas, vuelve a esta lección después para reforzar.

H en Romaji

La letra **h** en romaji nunca es muda, siempre se pronuncia como la "j" en español, pero de forma suave. (Igual que la "h" en inglés)

En romaji se escribe	Pronunciación	Ejemplo	Pronunciación
ha, hi, hu, he, ho	*ja, ji, ju, je, jo*	**hon** (libro)	*jon*

SH en Romaji

Las letras **sh** en romaji, producen el sonido que se usa al pronunciar palabras como "show" o "flash".

En romaji se escribe	Pronunciación	Ejemplo	Pronunciación
sha, shi, shu, sho	*sha, shi, shu, sho*	**shiro** (blanco)	*shiro*

R en Romaji

La **r** en romaji, es solo **ere**, se pronuncia de forma suave como en la palabra "pera".
El sonido de la **erre** no existe en japonés, ni siquiera al principio de una palabra.

En romaji se escribe	Pronunciación	Ejemplo	Pronunciación
ra, ri, ru, re, ro	*ra, ri, ru, re, ro* (ere)	**ringo** (manzana)	*ringo* (ere)

Y en Romaji

La letra **y** en romaji se pronuncia como la letra i.

En romaji se escribe	Pronunciación	Ejemplo	Pronunciación
ya, yu, yo	*ia, iu, io*	**yon** (cuatro)	*ion*

G en Romaji

La letra **g** en romaji siempre se pronuncia como en las palabras "gustar" y "golpe", sin
importar que vocal le siga. (La 'g' del romaji nunca sonará como la 'j' del español).

En romaji se escribe	Pronunciación	Ejemplo	Pronunciación
ga, gi, gu, ge, go	*ga, gui, gu, gue, go*	**genkai** (limite)	*guenkai*

J en Romaji

La letra **j** en romaji se pronuncia articulando un sonido de 'ch' inicial seguido del sonido de
la 'll' (doble ele). (Igual que la "j" en inglés).

En romaji se escribe	Pronunciación	Ejemplo	Pronunciación
ja, ji, ju, jo	*chlla, chlli, chllu, chllo*	**jitensha** (bicicleta)	*chllitensha*

Z en Romaji

La letra **z** en romaji se pronuncia haciendo un sonido vibratorio al pronunciar la letra "s",
similar al zumbido de una abeja. (Igual que la 'z' en inglés).

En romaji se escribe	Pronunciación	Ejemplo	Pronunciación
za, zu, ze, zo	*dtsa, dtsu, dtse, dtso*	**zurui** (sigiloso)	*dtsurui*

● A-3. Sonidos Alargados

En el katakana, las vocales alargadas se representan con un "yokobou", que significa "línea horizontal". Cuando el katakana es escrito de arriba abajo, la línea se llama "tatebou", que significa "línea vertical". Muchas personas japonesas llaman a esta línea solamente "bou", que significa "línea". Cuando veas un "bou" despues de uno de los caracteres del katakana, recuerda alargar el sonido.

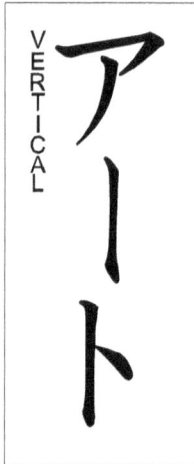

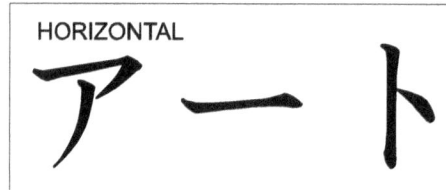

VERTICAL アート

HORIZONTAL アート

En *Katakana ¡Desde Cero!* empezaremos desde ahora a usar el "bou" para alargar sonidos. Veamos algunas palabras de tecnología comunes que contienen sonidos alargados.

PALABRAS EJEMPLO

1. konpyu–ta–   computadora
2. monita–   monitor
3. inta–netto   internet
4. heddofo–n   audífonos
5. ki–bo–do   teclado
6. suma–to fo–n   smartphone

● A-4. Sonidos largos versus sonidos cortos

El sonido alargado puede cambiar el significado de las palabras completamente.

EXAMPLES

kora	¡hey! (Palabra japonesa)
ko–ra–	cola (refresco de cola) (palabra extranjera)
bin	botella (palabra japonesa)
bi–n	frijol (palabra extranjera)
pasu	camino (palabra extranjera)
pa–su	bolsa (palabra extranjera)

● A-5. Consonantes Dobles

Algunas palabras en japonés utilizan sonidos de consonantes dobles. Las consonantes dobles como 'kk', 'pp', 'tt' y 'cch' deben ser estresadas más que una consonante individual para dar el significado correcto de una palabra.

EJEMPLOS

roku	número seis (palabra japonesa)
rokku	rock (género) (palabra extranjera)
kata	modelo, molde (palabra japonesa)
katta–	cutter (palabra extranjera)
haka	túmba (palabra japonesa)
hakka–	hacker (palabra extranjera)

Otra forma de pensar en el sonido que producen las consonantes dobles es colocar un acento imaginario en la vocal que antecede a una consonante doble.

EJEMPLOS

roku	número seis (palabra japonesa)
rókku	rock (género) (palabra extranjera)
kata	modelo, molde (palabra japonesa)
kátta–	cutter (palabra extranjera)
haka	túmba (palabra japonesa)
hákka–	hacker (palabra extranjera)

Nota: Esta es solo una forma de ejemplificar el sonido, los acentos no existen en japonés.

● A-6. Cómo funciona este libro

Katakana ¡Desde Cero! utiliza el sistema progresivo de ¡Desde Cero! para enseñar katakana. Conforme aprendas nuevos katakanas, reeplazaremos inmediatamente las letras romanas (romaji) con los katakanas que hayas aprendido. Por ejemplo, después de que aprendas オ (que se pronuncia "o"), lo usaremos en las palabras ejemplo.

Español	Antes	Después	Después del Libro
cebolla	onion	オniオn	オニオン
dueño	o–na–	オ–na–	オーナー

1 Lección 1: Katakana アイウエオ

1 Un Poco de Historia れきし

El Hiragana fue creado por un monje budista hace más de 1200 años (D.C. 774-835). En aquel tiempo, se creía que a las mujeres no debía permitírseles aprender los muy complejos kanjis. Después de que el hiragana les fuera introducido, las mujeres fueron capaces de expresarse de manera escrita. Es gracias al hiragana que las mujeres fueron autores de los primeros trabajos publicados en Japón.

Ejemplo de Caracteres del Hiragana

あかさたなはまやらわん

El Katakana fue creado utilizando porciones de kanjis, mientras que el hiragana, más redondeado, fue creado al simplificar kanjis. En japón, los niños aprenden primero el hiragana, después el katakana, y al final kanji. El hiragana, con solo 47 caracteres únicos puede representar todo el idioma japonés.

Ejemplos de Caracteres del Katakana

アカサタナハマヤラワン

El Kanji, por otro lado, consiste en más de 10,000 caracteres. En 1981 el Ministro de Educación Japonés anuncio la selección de 1,945 Kanjis, llamados "Joyou Kanji". Después de la publicación de esta lista, más kanjis han sido considerados como necesarios de aprender y han sido añadidos a la lista de los Joyou Kanjis. Hoy en día la lista consta de alrededor de 2136 Kanjis.

Ejemplos de Caracteres del Kanji

安加左太奈波末也良和毛

| **1** | La Meta ゴール |

Cuando completes *Katakana ¡Desde Cero!* serás capaz de leer y escribir todos los simbolos siguientes y unos cuantos más.

46 katakanas estándar

ア a	カ ka	サ sa	タ ta	ナ na	ハ ha	マ ma	ヤ ya	ラ ra	ワ wa
イ i	キ ki	シ shi	チ chi	ニ ni	ヒ hi	ミ mi		リ ri	ヲ wo
ウ u	ク ku	ス su	ツ tsu	ヌ nu	フ fu	ム mu	ユ yu	ル ru	
エ e	ケ ke	セ se	テ te	ネ ne	ヘ he	メ me		レ re	
オ o	コ ko	ソ so	ト to	ノ no	ホ ho	モ mo	ヨ yo	ロ ro	ン n

25 katakanas alterados

ガ ga	ザ za	ダ da	バ ba	パ pa
ギ gi	ジ ji	ヂ ji	ビ bi	ピ pi
グ gu	ズ zu	ヅ zu	ブ bu	プ pu
ゲ ge	ゼ ze	デ de	ベ be	ペ pe
ゴ go	ゾ zo	ド do	ボ bo	ポ po

1 | Bases de Escritura かくときの きほん

● 1-1. ¿Qué es un trazo?

Se le denomina trazo a cada segmento (líneas y curvas) que se forma en una sola interacción entre el lápiz (o cualquier otro instrumento de escritura) y el papel, sin levantar la mano.

● 1-2. ¿Por qué usar pinceles para escribir?

Tradicionalmente, el japonés era escrito con pinceles. Este libro - y casi cualquier otro libro que enseña escritura japonesa - usa el estilo de escritura con pincel para los caracteres japoneses. El estilo de escritura con pincel representa de la mejor manera como deben escribirse los caracteres japoneses.

● 1-3. Diferentes tipos de trazos con pincel

Hay tres diferentes tipos de trazos. Para el fácil entendimiento de estos, los hemos llamado, desvanecido, parada en seco y gancho desvanecido
Ya sea que escribas con pincel, bolígrafo o lápiz, asegúrate de poner atención al tipo de trazo. Esto asegurará que tu caligrafía sea ordenada y apropiada.

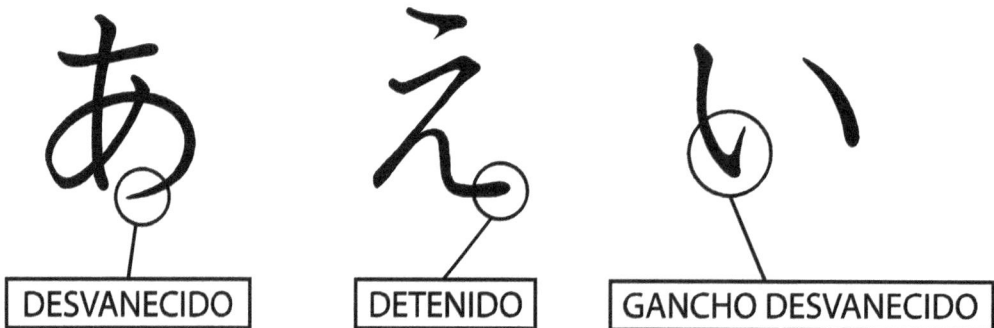

| DESVANECIDO | DETENIDO | GANCHO DESVANECIDO |

Si tu maestro es japonés, tal vez usará los nombres japoneses de los tipos de trazo:

- **Desvanecido – harai (harau)**
- **Detenido – tome (tomeru)**
- **Gancho desvanecido – hane (haneru)**

1 | Katakanas Nuevos あたらしい カタカナ

Los cinco primeros katakanas a aprender son los siguientes. Nota los diferentes tipos de trazo. Asegúrate de aprender el orden correcto de los trazos y el tipo de trazo.

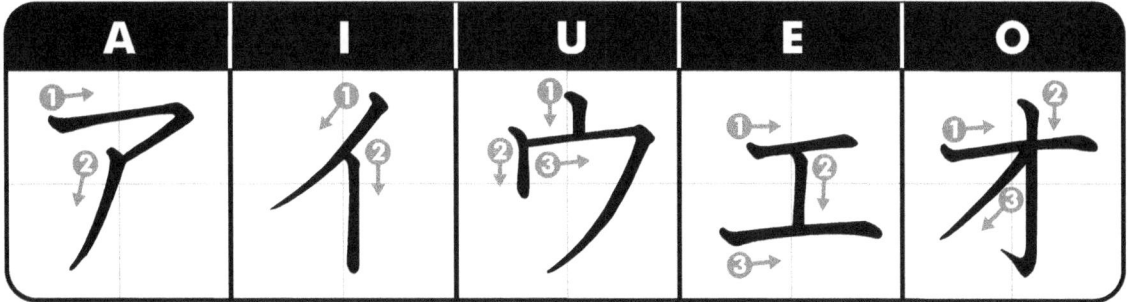

A	I	U	E	O
ア	イ	ウ	エ	オ

1 | Estilos Varios スタイル

Escribe cada símbolo de forma ordenada, después compáralos con las diferentes versiones.

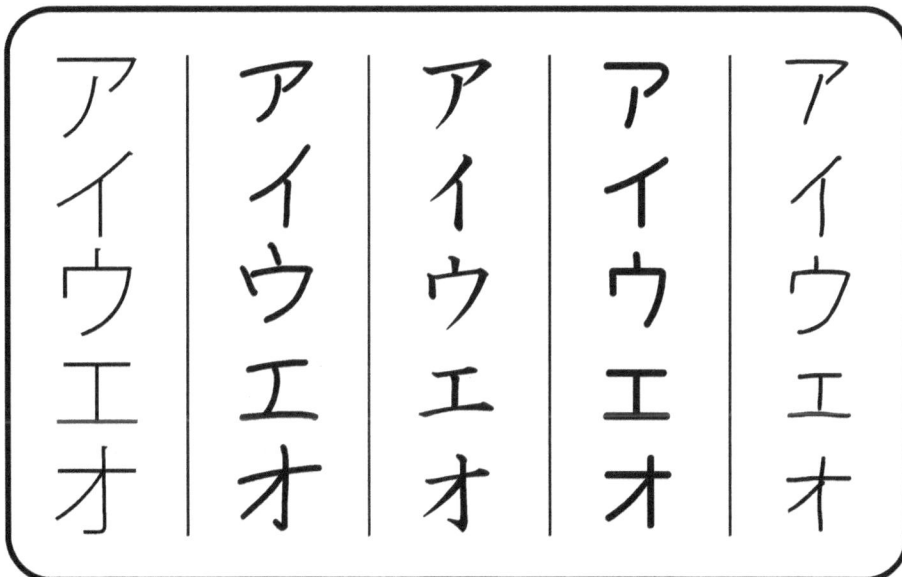

ア イ ウ エ オ	ア イ ウ エ オ	ア イ ウ エ オ	ア イ ウ エ オ	ア イ ウ エ オ

1 | La importancia de los estilos varios

Es importante siempre estudiar diferentes estilos para cada caracter en la sección de Estilos Varios de cada lección, para saber qué está permitido hacer a la hora de escribir cada caracter. Recuerda que hay pequeñas diferencias en como luce un caracter escrito con pincel, a como luce uno escrito con bolígrafo o lápiz.

1 | Puntos de Escritura かくポイント

● **1-4. Trazos continuos**

Al escribir ア y ウ te darás cuenta de que dos de los trazos no tienen números de trazo. Estos no son trazos independientes, son una continuación del trazo anterior.

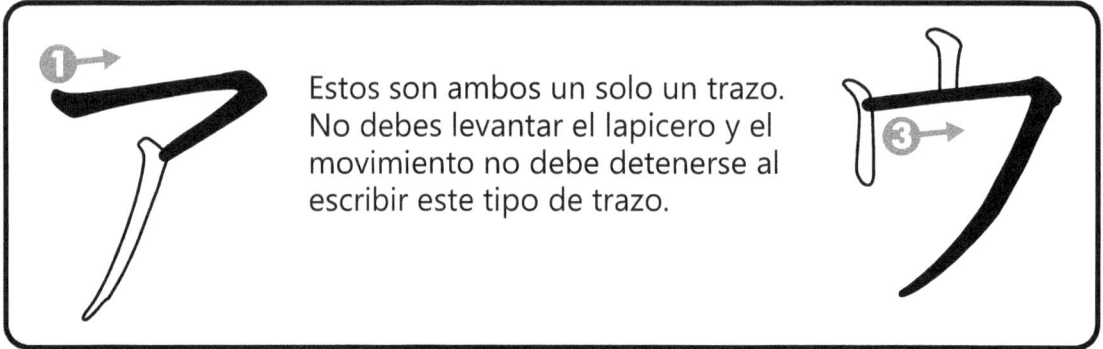

Estos son ambos un solo un trazo. No debes levantar el lapicero y el movimiento no debe detenerse al escribir este tipo de trazo.

● **1-5. Escribiendo de izquierda a derecha y de arriba a abajo.**

Antes de la segunda guerra mundial, las publicaciones en japonés eran escritas con cada línea yendo de arriba hacia abajo como se muestra en el estilo 2 a continuación.

En el japón moderno, ambos estilos son comunes. Muchas veces el estilo utilizado es únicamente una preferencia de diseño, y en algunos casos (como al escribir un correo electrónico) solo se puede usar el estilo 1.

Muchos libros de escritura japonesa para niños usan el estilo 2. Aunque *¡Desde Cero!* Utiliza solamente el estilo 1, ambos estilos son aceptables.

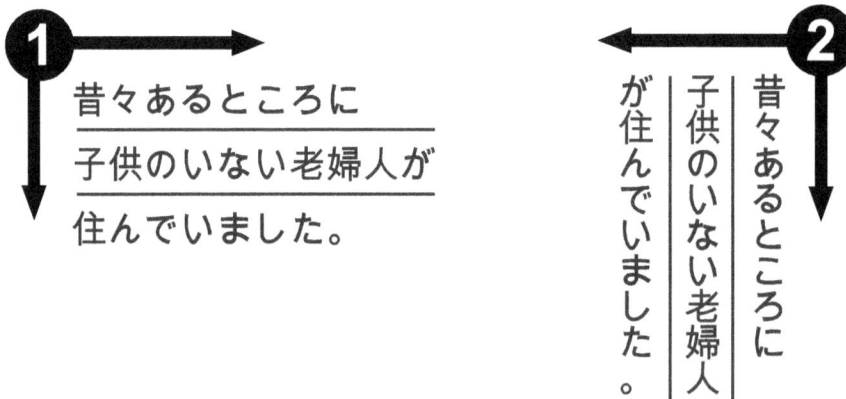

1
昔々あるところに
子供のいない老婦人が
住んでいました。

2
昔々あるところに子供のいない老婦人が住んでいました。

1 | Práctica de Escritura れんしゅう

Primero remarca sobre los caracteres en gris, luego escribe cada caracter seis veces.

a	ア	ア						
i	イ	イ						
u	ウ	ウ						
e	エ	エ						
o	オ	オ						

1 | Práctica de Palabras ことばの れんしゅう

En la sección de Práctica de Palabras de este libro, rellenarás los katakanas apropiados en las líneas de cada palabra. El romaji de abajo de la línea te dirá que katakana debe ser escrito. Nota que los "bou" para los sonidos alargados ya están incluidos.

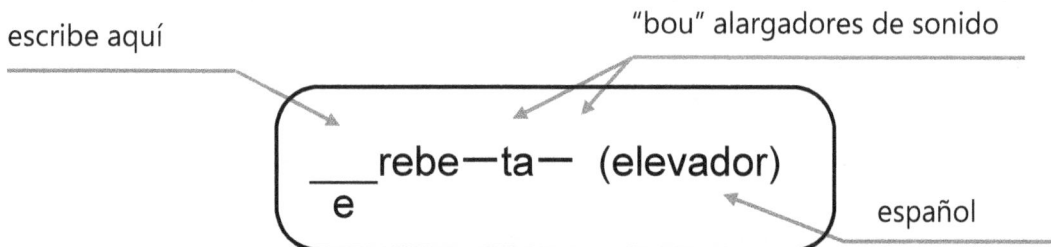

escribe aquí   "bou" alargadores de sonido

___rebe—ta— (elevador)
 e
                    español

1. ___rebe—ta— (elevador)
     e

2. ___nime (animación)
     a

3. ___ ___kon (aire acondicionado)
     e   a

4. ___renji (naranja)
     o

5. __ba__to (aproximadamente)
   a   u

6. __nku (tinta)
   i

7. __tari__n (italiano)
   i   a

8. __muretsu (omelet)
   o

9. __-pun (abierto)
   o

10. __ __nka− (direccional)
    u   i

11. __-mondo (almendra)
    a

12. __ran (uranio)
    u

1 | Palabras Que Puedes Escribir かける ことば

Escribe las siguientes palabras usando los katakanas que acabas de aprender.

letra "e"

イ	ー								

letra "a"

エ	イ								

letra "o"

オ	ー								

Francés para "sí" (oui)

ウ	イ								

letra "i"

ア	イ								

aire

エ	ア	ー							

1 | Une Los Puntos Katakana カタカナ マッチング

Conecta los puntos entre cada katakana y el romaji correcto.

エ・   ・i
ア・   ・u
オ・   ・o
イ・   ・a
ウ・   ・e

1 | Palabras de Uso Diario en Katakana にちじょうの ことば

taオru
toalla

kuイzu
preguntas

エーsu
as

オniオn
cebolla

アイsu
helado

saイkoro
dado

1 Clave de Respuestas こたえ あわせ

Práctica de Palabra (clave)

1. エrebe−ta−
2. アnime
3. エアkon
4. オrenji
5. アbaウto
6. イnku
7. イtariアn
8. オmuretsu
9. オ−pun
10. ウイnka−
11. ア−mondo
12. ウran

Une Los Puntos Katakana (clave)

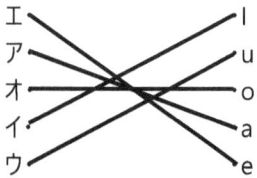

エ   l
ア   u
オ   o
イ   a
ウ   e

| **1** | Hoja de Práctica de Katakana れんしゅう |

ア	ア						
イ	イ						
ウ	ウ						
エ	エ						
オ	オ						
ア	ア						
イ	イ						
ウ	ウ						
エ	エ						
オ	オ						

2 Lección 2:
Katakana アイウエオ

2 Katakanas Nuevos あたらしい カタカナ

Usar el orden correcto de los trazos significará mejores caracteres al escribir rápido.

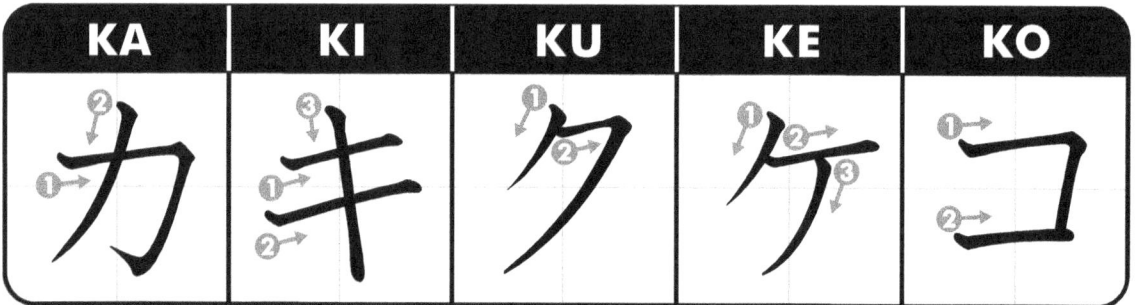

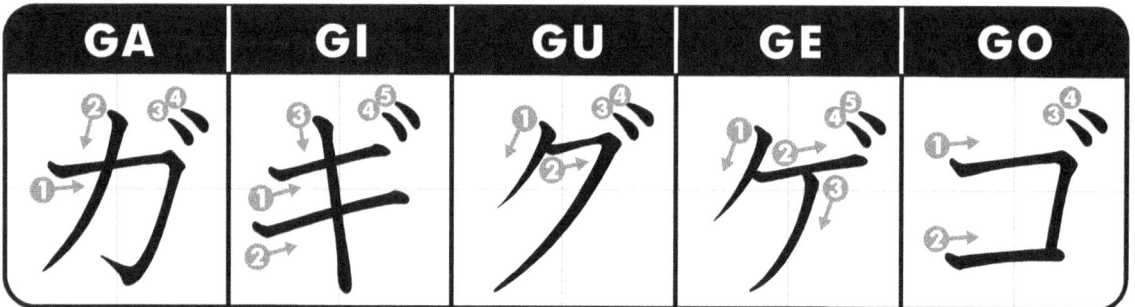

KA	KI	KU	KE	KO
カ	キ	ク	ケ	コ

GA	GI	GU	GE	GO
ガ	ギ	グ	ゲ	ゴ

2 Estilos Varios スタイル

Escribe cada símbolo de forma ordenada, después compáralos con las diferentes versiones.

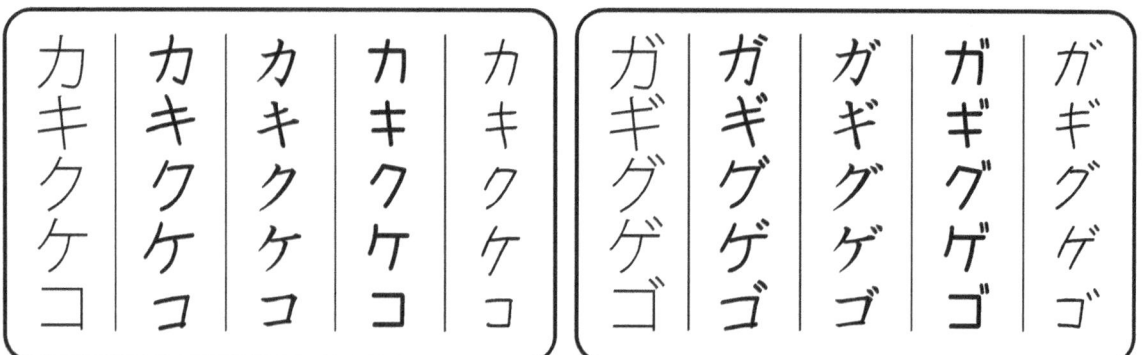

カ	カ	カ	カ	カ	ガ	ガ	ガ	ガ	ガ
キ	キ	キ	キ	キ	ギ	ギ	ギ	ギ	ギ
ク	ク	ク	ク	ク	グ	グ	グ	グ	グ
ケ	ケ	ケ	ケ	ケ	ゲ	ゲ	ゲ	ゲ	ゲ
コ	コ	コ	コ	コ	ゴ	ゴ	ゴ	ゴ	ゴ

2 | Puntos de Escritura かくポイント

● **2-1. El dakuten**

La única diferencia entre ka ki ku ke ko y ga gi gu ge go son los dos pequeños trazos con forma de comillas en la esquina superior derecha. Esos trazos se llaman *dakuten*.

dakuten カ

dakuten キ

● **2-2. Escribiendo ク (ku) y ケ (ke) de la forma correcta**

Pon atención al escribir ク y ケ ya que pueden ser fácilmente escritos de una forma en la que uno se vea como el otro.

Asegúrate de no extender el primer trazo

El segundo trazo es un trazo continuo.

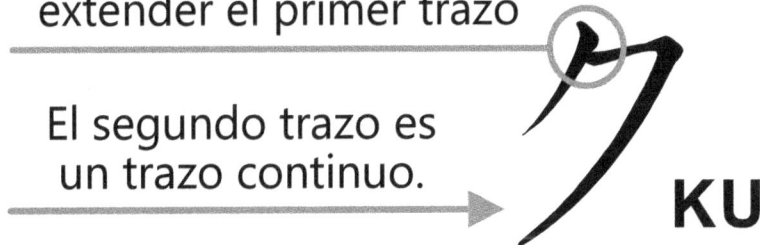

ク **KU**

El tercer trazo debe empezar en la mitad del segundo trazo.

ケ **KE**

2 | Práctica de Escritura れんしゅう

Primero remarca sobre los caracteres en gris, luego escribe cada caracter seis veces.

ka	カ	カ						
ki	キ	キ						
ku	ク	ク						
ke	ケ	ケ						
ko	コ	コ						

ga	ガ	ガ						
gi	ギ	ギ						
gu	グ	グ						
ge	ゲ	ゲ						
go	ゴ	ゴ						

2 Práctica de Palabras ことばの れんしゅう

Rellena el katakana correcto en las líneas de cada palabra.

1. __−__ru (Google)
   gu gu

2. __mera (cámara)
   ka

3. アfuri__ (África)
   ka

4. __−hi− (café)
   ko

5. __chappu (catsup)
   ke

6. baイrin__ru (bilingue)
   ga

7. __reyon (crayón)
   ku

8. __sorin (gasolina)
   ga

9. bi__ni (bikini)
   ki

10. __ __baイto (gigabyte)
    gi ga

11. イ__risu (Inglaterra)
    gi

12. __−n (maíz)
    ko

2 Palabras Que Puedes Escribir かける ことば

Escribe las siguientes palabras usando los katakanas que acabas de aprender.

llave

キ	ー									

engrane

ギ	ア									

centro

コ	ア										

giga (byte)

ギ	ガ										

ego

エ	ゴ										

pastel

ケ	ー	キ							

roble, orco

オ	ー	ク							

Coca-Cola

コ	ー	ク							

cuidado

ケ	ア	ー							

cocoa

ゴ	コ	ア							

carga

カーゴ

kiwi

キウイ

Gaia

ガイア

Ikea (tienda)

イケア

caqui

カーキ

OK

オーケー

chillido

キーギー

2   Une Los Puntos Katakana カタカナ マッチング

Conecta los puntos entre cada katakana y el romaji correcto.

ゲ・   ・ke
キ・   ・go
ク・   ・e
ゴ・   ・ki
エ・   ・ku
カ・   ・ge
ケ・   ・ka

2   Palabras de Uso Diario en Katakana にちじょうの ことば

カ−ten
cortina

suキ−
esquiar

taクshi−
taxi

panケーキ
hotcakes

tabaコ
cigarros, tabaco

カrenda−
calendario

2 | Clave de Respuestas こたえ あわせ

Práctica de Palabras (clave)

1. グーグru
2. カmera
3. アfuriカ
4. コーhi−
5. ケchappu
6. baイrinガru
7. クreyon
8. ガsorin
9. biキni
10. ギガbaイto
11. イギrisu
12. コー n

Une Los Puntos Katakana (clave)

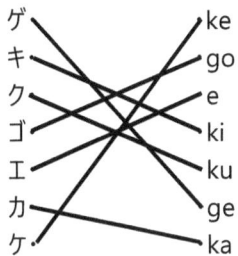

ゲ — ke
キ — go
ク — e
ゴ — ki
エ — ku
カ — ge
ケ — ka

2 | Hoja de Práctica de Katakana れんしゅう

カ	カ						
キ	キ						
ク	ク						
ケ	ケ						
コ	コ						
ガ	ガ						
ギ	ギ						
グ	グ						
ゲ	ゲ						
ゴ	ゴ						

3 Lección 3:
Katakana サシスセソ

3 | Katakanas Nuevos あたらしい カタカナ

Usar el orden correcto de los trazos significará mejores caracteres al escribir rápido.

SA	SHI	SU	SE	SO
サ	シ	ス	セ	ソ

ZA	JI	ZU	ZE	ZO
ザ	ジ	ズ	ゼ	ゾ

3 | Estilos Varios スタイル

Escribe cada símbolo de forma ordenada, después compáralos con las diferentes versiones.

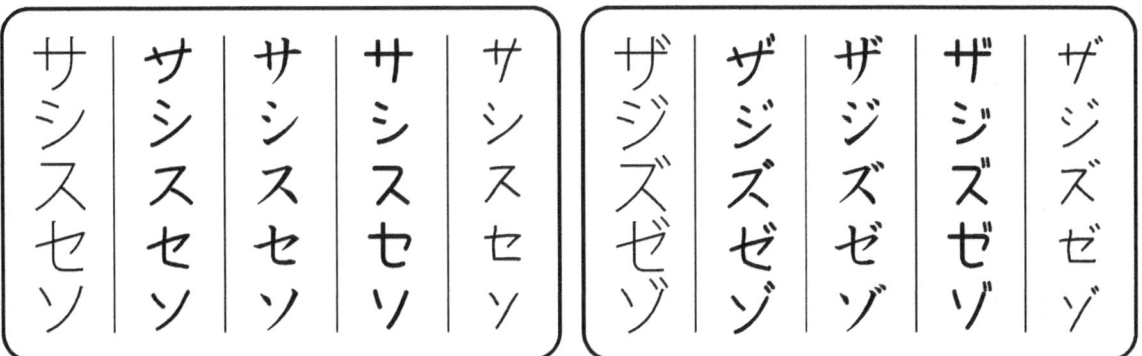

サシスセソ サシスセソ サシスセソ サシスセソ サシスセソ

ザジズゼゾ ザジズゼゾ ザジズゼゾ ザジズゼゾ ザジズゼゾ

3 | Puntos de Escritura かくポイント

● **3-1. Diferencias en el orden de los trazos de シ (shi) y ソ (so)**

Aunque シ y ソ se ven un poco similares, los trazos para cada caracter van en direcciones completamente opuestas.

A) Los primeros 2 trazos para SHI se escriben con un ángulo ligeramente <u>horizontal</u>.

B) Este trazo se escribe hacia <u>arriba</u>.

A) El primer trazo para SO se escribe con un ángulo ligeramente <u>vertical</u>.

B) Este trazo se escribe hacia <u>abajo</u>.

3 | Práctica de Escritura れんしゅう

Primero remarca sobre los caracteres en gris, luego escribe cada caracter seis veces.

sa	サ	サ						
shi	シ	シ						
su	ス	ス						
se	セ	セ						
so	ソ	ソ						

za	ザ	ザ						
ji	ジ	ジ						
zu	ズ	ズ						
ze	ゼ	ゼ						
zo	ゾ	ゾ						

3 Práctica de Palabras ことばの れんしゅう

Rellena el katakana correcto en las líneas de cada palabra.

1. __−pa− (super mercado)
    su

2. __futo (software)
    so

3. __nfuran__ __コ (San Francisco)
    sa   shi su

4. __rada (ensalada)
    sa

5. __−ra− (solar)
    so

6. ガ−__ (gasa)
       ze

7. meron __−da (refresco de melón)
          so

8. __pu−n (cuchara)
    su

9. __−tsu ケ−__ (maleta)
    su   su

10. __ro (cero)
     ze

11. ガ__rin (gasolina)
      so

12. __−pan (pantalones (mezclilla))
    ji

3 | Palabras Que Puedes Escribir かける ことば

Escribe las siguientes palabras usando los katakanas que acabas de aprender.

beso

キ	ス									

letra "C"

シ	ー									

gas

ガ	ス									

hoelo

ア	イ	ス							

curso

コ	ー	ス							

Suiza

ス	イ	ス							

esquiar

ス	キ	ー							

preguntas

ク	イ	ズ							

salsa

ソ	ー	ス									

Casio (marca)

カ	シ	オ									

circo

サ	ー	カ	ス								

zig zag

ジ	グ	ザ	グ								

puntaje

ス	コ	ア	ー								

césar (ensalada)

シ	ー	ザ	ー								

rompecabezas

ジ	グ	ソ	ー								

oasis

オ	ア	シ	ス								

sexy

セ	ク	シ	ー								

3 | Une Los Puntos Katakana カタカナ マッチング

Conecta los puntos entre cada katakana y el romaji correcto.

ス・	・za
シ・	・ko
コ・	・se
エ・	・i
ザ・	・shi
ア・	・e
セ・	・su
イ・	・a

3 | Palabras de Uso Diario en Katakana にちじょう の ことば

teキサス
Texas

haburaシ
cepillo de dientes

baス
autobús

セーta—
sueter

ガソrinスtando
gasolinería

スtoro—
popote

3 | Clave de Respuestas こたえ あわせ

Práctica de Palabras (clave)

1. スーpa−
2. ソfuto
3. サnfuranシスコ
4. サrada
5. ソーra−
6. ガーゼ
7. meron ソーda
8. スpu− n
9. スーツ ケース
10. ゼro
11. ガソrin
12. ジーpan

Une Los Puntos Katakana (clave)

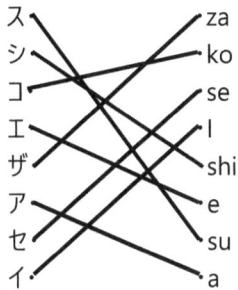

ス   za
シ   ko
コ   se
エ   l
ザ   shi
ア   e
セ   su
イ   a

3 | Hoja de Práctica de Katakana れんしゅう

サ	サ						
シ	シ						
ス	ス						
セ	セ						
ソ	ソ						
ザ	ザ						
ジ	ジ						
ズ	ズ						
ゼ	ゼ						
ゾ	ゾ						

4 Lección 4:
Katakana タ シ ツ テ ト

4 | Katakanas Nuevos あたらしい カタカナ

Usar el orden correcto de los trazos significará mejores caracteres al escribir rápido.

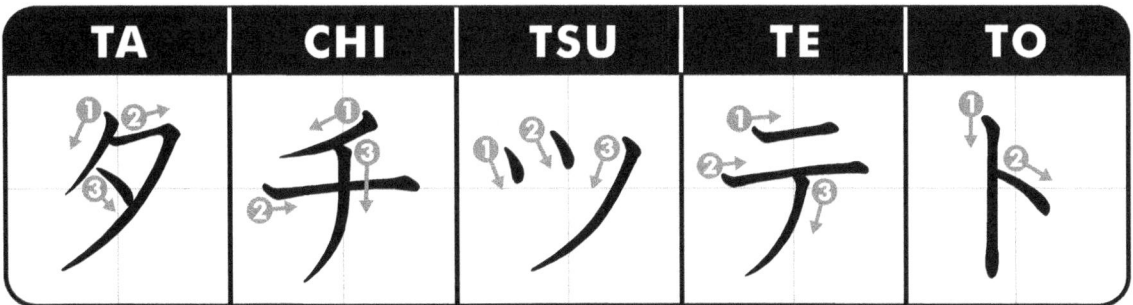

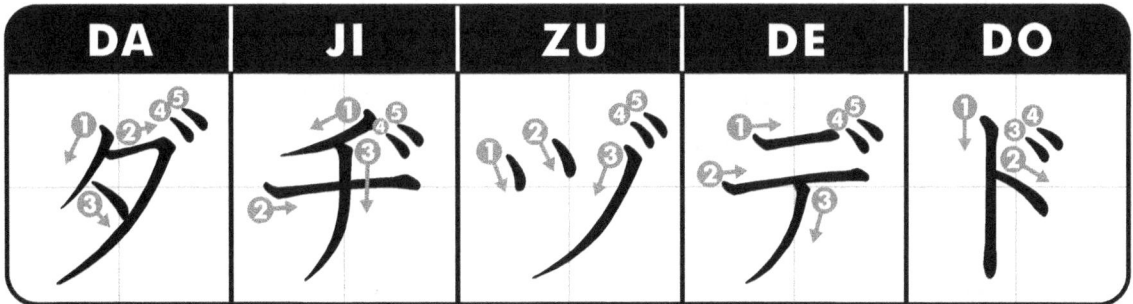

TA	CHI	TSU	TE	TO
タ	チ	ツ	テ	ト

DA	JI	ZU	DE	DO
ダ	ヂ	ヅ	デ	ド

4 | Estilos Varios スタイル

Escribe cada símbolo de forma ordenada, después compáralos con las diferentes versiones.

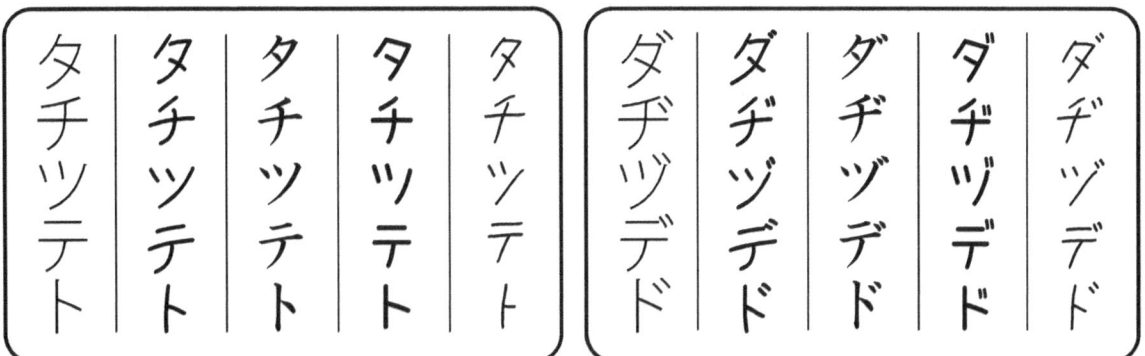

タ	タ	タ	タ	タ
チ	チ	チ	チ	チ
ツ	ツ	ツ	ツ	ツ
テ	テ	テ	テ	テ
ト	ト	ト	ト	ト

ダ	ダ	ダ	ダ	ダ
ヂ	ヂ	ヂ	ヂ	ヂ
ヅ	ヅ	ヅ	ヅ	ヅ
デ	デ	デ	デ	デ
ド	ド	ド	ド	ド

4 | Puntos de Escritura かくポイント

● 4-1. Las Consonantes Dobles

Las consonantes dobles (*kk*, *pp*, *tt*, *cch*) son estresadas con una ligera pausa antes de la consonante. Para representarlas en katakana, se una ッ pequeña. La ッ pequeña siempre se coloca frente al katakana que se debe duplicar.

EXAMPLES

cama	beddo	ベッド
sobrenombre de McDonald's	makku	マック
la letra "Z"	zetto	ゼット

Asegúrate de escribir la ッ más chica, para evitar confusiones con una ッ normal.

● 4-2. Análisis del sonido de las Consonantes Dobles

Si observas la onda sonora de una palabra con una consonante doble, notarás una pausa o un espacio visible antes de la consonante. Observa los siguientes ejemplos.

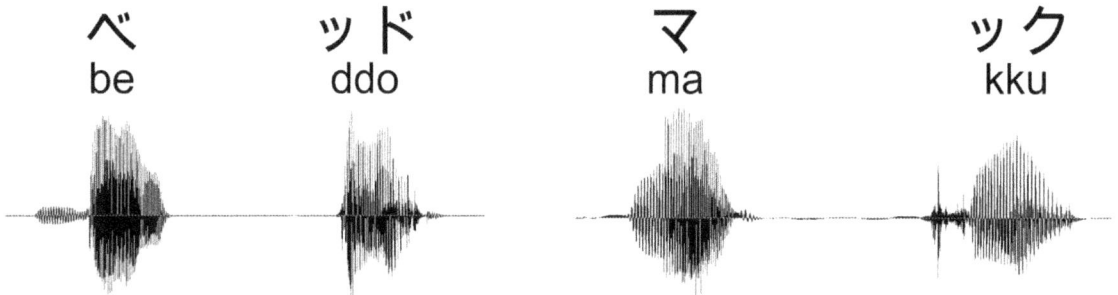

ベ
be

ッド
ddo

マ
ma

ック
kku

● 4-3. ¿Qué versión de *zu* y *ji* debería ser usada?

Hay dos versiones de *zu* y *ji*. Las primeras están en la lección 3. ズ y ジ son usadas más usadas. ヅ y ヂ son usadas en solo algunas palabras como ヅラ (zura) (cabello falso) and チヂミ (chijimi) (un pan coreano). La mayoría de los diccionarios tienen menos de 15 entradas que contienen ヅ o ヂ. Si no estás seguro de que versión usar, intenta usar ズ y ジ y el 90% del tiempo será correcto.

4 | Práctica de Escritura れんしゅう

Primero remarca sobre los caracteres en gris, luego escribe cada caracter seis veces.

ta	タ	タ					
chi	チ	チ					
tsu	ツ	ツ					
te	テ	テ					
to	ト	ト					

da	ダ	ダ					
ji	ヂ	ヂ					
zu	ヅ	ヅ					
de	デ	デ					
do	ド	ド					

4 ｜ Práctica de Palabras ことばの れんしゅう

Rellena el katakana correcto en las líneas de cada palabra.

1. __ス__ (examen)
   te　to

2. __ranpu (cartas, barajas)
   to

3. __ケツ__ (boleto)
   chi　to

4. __npu (camión de basura)
   da

5. コnpyu−__− (computadora)
   ta

6. __raウma (trauma)
   to

7. __イエツ__ (dieta)
   da　to

8. __−buru (mesa)
   te

9. イn__−neツ__ (internet)
   ta　to

10. __アー (tour)
    tsu

11. __ジ__ru (digital)
    de　ta

12. __ramu (batería)
    do

4 ｜ Palabras Que Puedes Escribir かける ことば

Escribe las siguientes palabras usando los katakanas que acabas de aprender.

Tailandia

タ	イ										

queso

チ	ー	ズ							

Alemania

ド	イ	ツ							

cita

デ	ー	ト							

carta

カード

futbol

サッカー

guepardo

チーター

taxi

タクシー

empezar

スタート

filete

ステーキ

pan tostado

トースト

exacto (navaja)

カッター

falda

スカート

Kit Kat (chocolate)

キ	ッ	ト	カ	ッ	ト						

4 | Une Los Puntos Katakana カタカナ マッチング

Conecta los puntos entre cada katakana y el romaji correcto.

サ・　　　　　　・ji
ツ・　　　　　　・da
テ・　　　　　　・a
ア・　　　　　　・chi
ダ・　　　　　　・te
ジ・　　　　　　・tsu
ス・　　　　　　・sa
チ・　　　　　　・su

4 | Palabras de Uso Diario en Katakana にちじょうの ことば

サnタ クro−ス
Santa Claus

チケット
boleto

サnドイッチ
sandwich

poテト
papas fritas

トraック
camión

hoットドッグ
hot dog

4 | Clave de Respuestas こたえ あわせ

Práctica de Palabras (clave)

1. テスト
2. ﾄranpu
3. チケット
4. ﾀ゙npu
5. ﾞｺnpyuーター
6. ﾄraｳma
7. ダイエット
8. テーburu
9. ｲnターネット
10. ツアー
11. デジタru
12. ﾄ゙ramu

Une Los Puntos Katakana (clave)

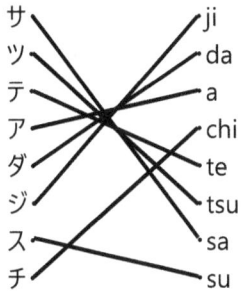

サ — ji
ツ — da
テ — a
ア — chi
ダ — te
ジ — tsu
ス — sa
チ — su

4 | **Hoja de Práctica de Katakana れんしゅう**

タ	タ						
チ	チ						
ツ	ツ						
テ	テ						
ト	ト						
ダ	ダ						
ヂ	ヂ						
ヅ	ヅ						
デ	デ						
ド	ド						

5 Lección 5:
Katakana ナニヌネノ

5 | Katakanas Nuevos あたらしい カタカナ

Usar el orden correcto de los trazos significará mejores caracteres al escribir rápido.

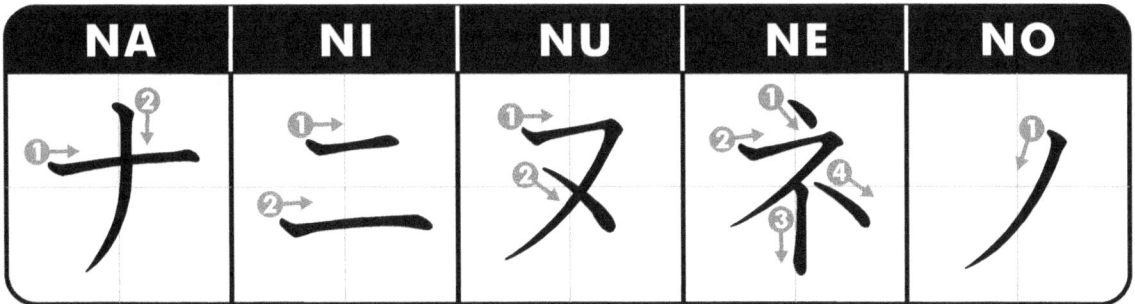

NA	NI	NU	NE	NO
ナ	二	ヌ	ネ	ノ

5 | Estilos Varios スタイル

Escribe cada símbolo de forma ordenada, después compáralos con las diferentes versiones.

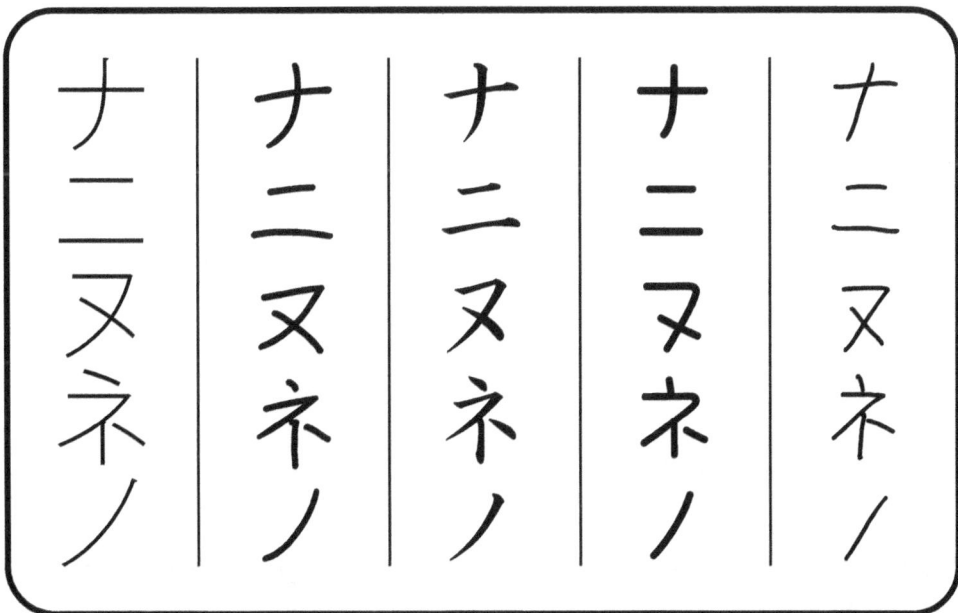

ナ二ヌネノ	ナ二ヌネノ	ナ二ヌネノ	ナ二ヌネノ	ナ二ヌネノ

5 | Práctica de Escritura れんしゅう

Primero remarca sobre los caracteres en gris, luego escribe cada caracter seis veces.

na	ナ	ナ				
ni	ニ	ニ				
nu	ヌ	ヌ				
ne	ネ	ネ				
no	ノ	ノ				

5 | Práctica de Palabras ことばの れんしゅう

Rellena el katakana correcto en las líneas de cada palabra.

1. mi__raru (minerales)
       ne

2. __イーbu (inocente)
   na

3. __ートpaソコn (laptop)
   no

4. ba__ra (vainilla)
        ni

5. __ック__ーmu (sobrenombre)
   ni   ne

6. カ__ー (canoa)
       nu

7. __ットwaーク (red)
   ne

8. エコ__miー (economía)
        no

9. カツpu __ードru (fideos de vaso)
            nu

10. __puキn (servilleta)
    na

11. mayo__ーズ (mayonesa)
          ne

12. mi__ban (mini-van)
       ni

5 | Palabras Que Puedes Escribir かける ことば

no

ノ	ー										

Atún

ツ	ナ										

letra "N"

エ	ヌ										

libreta

ノ	ー	ト								

red

ネ	ッ	ト								

sauna

サ	ウ	ナ								

tenis (deporte)

テ	ニ	ス								

knock

ノ	ッ	ク							

necesidades

ニ	ー	ズ							

ruido

ノ イ ズ

canoa

カ ヌ ー

amable

ナ イ ス

NEET (personas que no están estudiando, entrenando o trabajando)

ニ ー ト

Ainu (indígenas del norte de Japón)

ア イ ヌ

Norte

ノ ー ス

corbata

ネ ク タ イ

juego de noche (deportes)

ナ イ タ ー

Nessie (el monstruo del Lago Ness)

ネ ッ シ ー

5 | Une Los Puntos Katakana カタカナ マッチング

Conecta los puntos entre cada katakana y el romaji correcto.

ネ・　　　　　　　　・sa
タ・　　　　　　　　・tsu
ツ・　　　　　　　　・ta
ナ・　　　　　　　　・na
ヌ・　　　　　　　　・ni
サ・　　　　　　　　・ne
ニ・　　　　　　　　・nu
ノ・　　　　　　　　・no

5 | Palabras de Uso Diario en Katakana にちじょうの ことば

ノート
libreta

mayoネーズ
mayonesa

ノmi
pulga

biジネス
negocio

ナbi
navegación

ソニー
Sony

5 | Clave de Respuestas こたえ あわせ

Práctica de Palabras (clave)

1. miネraru
2. ナイーbu
3. ノートpaソコn
4. baニra
5. ニックネーmu
6. カヌー
7. ネットwaーク
8. エコノmiー
9. カツpu ヌードru
10. ナpuキn
11. mayoネーズ
12. miニban

Une Los Puntos Katakana (clave)

ネ ─── sa
タ ─── tsu
ツ ─── ta
ナ ─── na
ヌ ─── ni
サ ─── ne
ニ ─── nu
ノ ─── no

5 | Hoja de Práctica de Katakana れんしゅう

ナ	ナ					
二	二					
ヌ	ヌ					
ネ	ネ					
ノ	ノ					
ナ	ナ					
二	二					
ヌ	ヌ					
ネ	ネ					
ノ	ノ					

6 Lección 6:
Katakana ハヒフヘホ

6 | Katakanas Nuevos あたらしい カタカナ

Usar el orden correcto de los trazos significará mejores caracteres al escribir rápido.

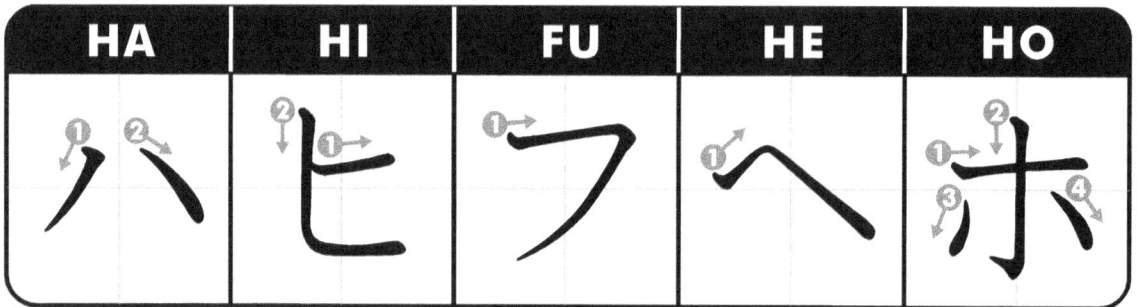

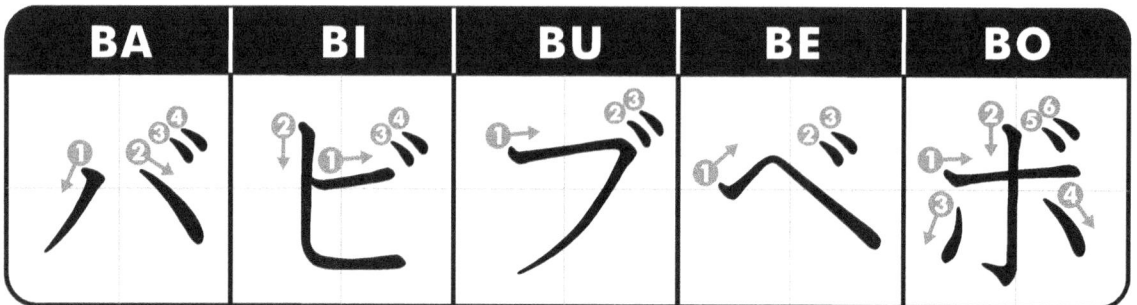

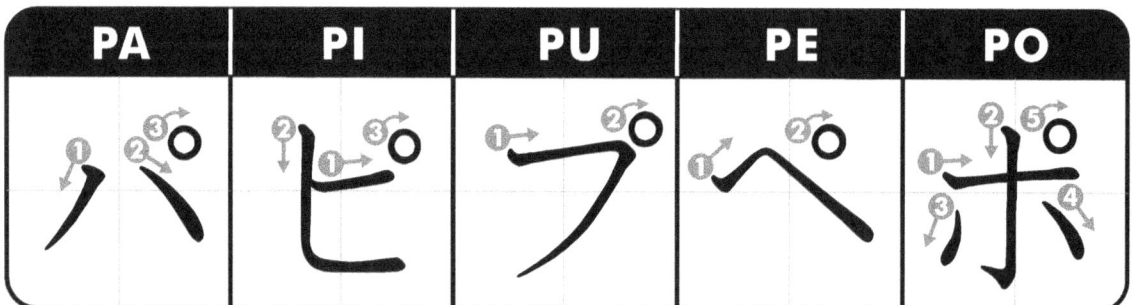

HA	HI	FU	HE	HO
ハ	ヒ	フ	ヘ	ホ

BA	BI	BU	BE	BO
バ	ビ	ブ	ベ	ボ

PA	PI	PU	PE	PO
パ	ピ	プ	ペ	ポ

6 | Estilos Varios スタイル

Escribe cada símbolo de forma ordenada, después compáralos con las diferentes versiones.

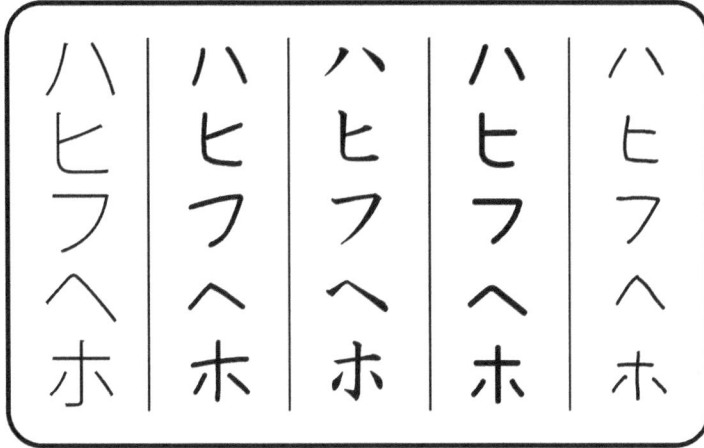

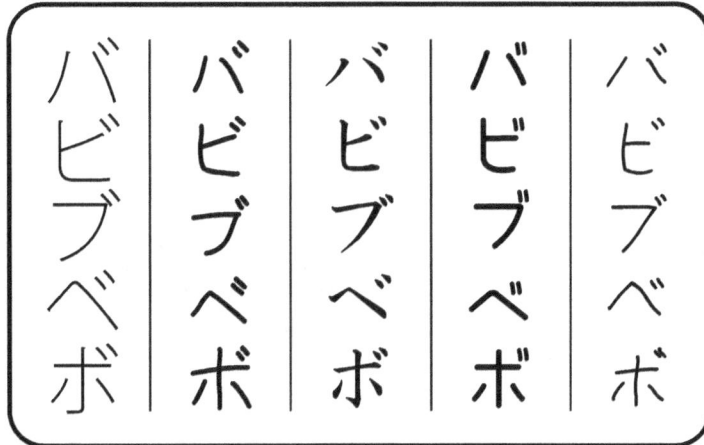

ハ	ハ	ハ	ハ	ハ
ヒ	ヒ	ヒ	ヒ	ヒ
フ	フ	フ	フ	フ
ヘ	ヘ	ヘ	ヘ	ヘ
ホ	ホ	ホ	ホ	ホ

バ	バ	バ	バ	バ
ビ	ビ	ビ	ビ	ビ
ブ	ブ	ブ	ブ	ブ
ベ	ベ	ベ	ベ	ベ
ボ	ボ	ボ	ボ	ボ

パ	パ	パ	パ	パ
ピ	ピ	ピ	ピ	ピ
プ	プ	プ	プ	プ
ペ	ペ	ペ	ペ	ペ
ポ	ポ	ポ	ポ	ポ

6 | Puntos de Escritura かくポイント

● 6-1. ¿Qué es ese círculo?

Los katakanas *pa pi pu pe po* se hacen agregando un círculo en el área en donde normalmente iría el dakuten. El círculo debe ser escrito en el sentido de las manecillas del reloj y siempre debe ser el último trazo. La mayoría de los japoneses se refieren a él como *maru* que significa "círculo". Su nombre oficial es *handakuten*.

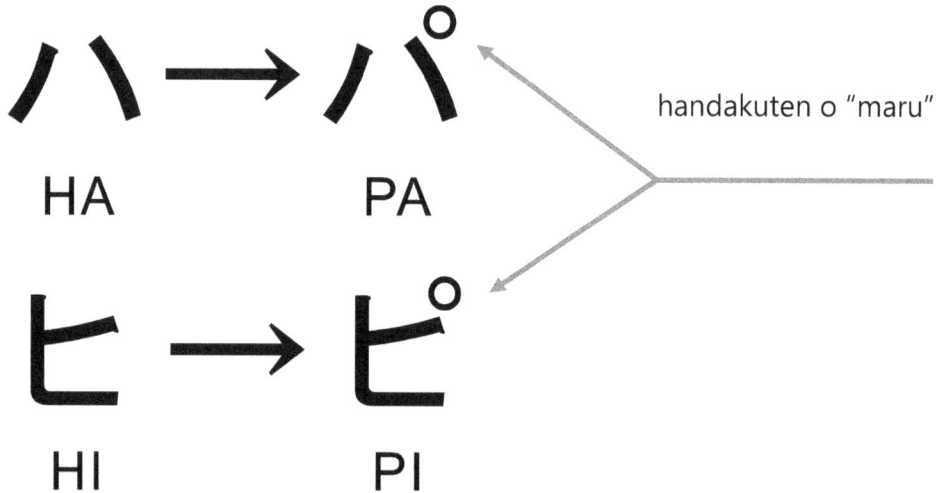

ハ → パ
HA   PA

handakuten o "maru"

ヒ → ピ
HI   PI

6 | Práctica de Escritura れんしゅう

Primero remarca sobre los caracteres en gris, luego escribe cada caracter seis veces.

ha	ハ	ハ				
hi	ヒ	ヒ				
fu	フ	フ				
he	ヘ	ヘ				
ho	ホ	ホ				

ba	バ	バ						
bi	ビ	ビ						
bu	ブ	ブ						
be	ベ	ベ						
bo	ボ	ボ						

pa	パ	パ						
pi	ピ	ピ						
pu	プ	プ						
pe	ペ	ペ						
po	ポ	ポ						

6 | **Práctica de Palabras ことばの れんしゅう**

Rellena el katakana correcto en las líneas de cada palabra.

1. __rinター (impresora)
   pu

2. __nク (llanta desinflada)
   pa

3. __ーター (calentador)
   hi

4. __ru (campana)
   be

5. __–ru__n (lapicero)
   <u>bo</u>   <u>pe</u>

6. __タmin (vitamina)
   <u>bi</u>

7. __ッチキス (engrapadora)
   <u>ho</u>

8. __アス (aretes)
   <u>pi</u>

9. __–mu__–ジ (página de inicio)
   <u>ho</u>   <u>pe</u>

10. ya__– (Yahoo!)
    <u>fu</u>

11. __イキnグ (buffet)
    <u>ba</u>

12. __nチ (banca)
    <u>be</u>

---

6 Palabras Que Puedes Escribir かける ことば

Escribe las siguientes palabras usando los katakanas que acabas de aprender.

papá

パ	パ								

autobús

バ	ス								

buzón

ポ	ス	ト						

playa

ビ	ー	チ						

propina

チ	ッ	プ						

taza

コ	ッ	プ						

página

ペ	ー	ジ									

Jeep

ジ	ー	プ									

mantequilla

バ	タ	ー									

sopa

ス	ー	プ									

Bote (barco)

ボ	ー	ト									

cinta

テ	ー	プ									

bolsa

ポ	ケ	ッ	ト								

cacahuates

ピ	ー	ナ	ツ								

póster

ポ	ス	タ	ー								

6 Une Los Puntos Katakana カタカナ マッチング

Conecta los puntos entre cada katakana y el romaji correcto.

フ・   ・pi
ハ・   ・pe
ザ・   ・ha
ボ・   ・fu
ペ・   ・gu
デ・   ・za
ピ・   ・de
グ・   ・bo

6 Palabras de Uso Diario en Katakana にちじょうの ことば

ハート
corazón

ペnキ
pintura

ポップコーn
palomitas

ピザ
pizza

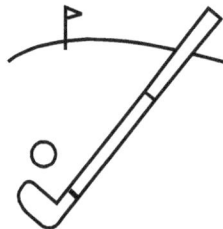

ゴruフ
golf

ハnバーガー
hamburguesa

6 | Clave de Respuestas こたえ あわせ

Práctica de Palabras (clave)

1. プrinター
2. パnク
3. ヒーター
4. べru
5. ボーruペ n
6. ビタmin
7. ホッチキス
8. ピアス
9. ホーmuページ
10. yaフー
11. バイキnグ
12. べ n チ

Une Los Puntos Katakana (clave)

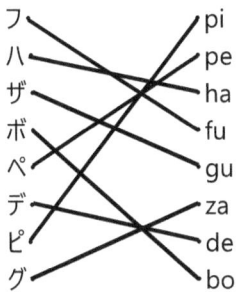

フ — fu
ハ — za
ザ — bo
ボ — ha
ペ — pi
デ — gu
ピ — pe
グ — de

6 | Hoja de Práctica de Katakana れんしゅう

ハ	ハ						
ヒ	ヒ						
フ	フ						
ヘ	ヘ						
ホ	ホ						
バ	バ						
ビ	ビ						
ブ	ブ						
ベ	ベ						
ボ	ボ						

パ	パ						
ピ	ピ						
プ	プ						
ペ	ペ						
ポ	ポ						

7 Lección 7:
Katakana マ ミ ム メ モ

7 | Katakanas Nuevos あたらしい カタカナ

Usar el orden correcto de los trazos significará mejores caracteres al escribir rápido.

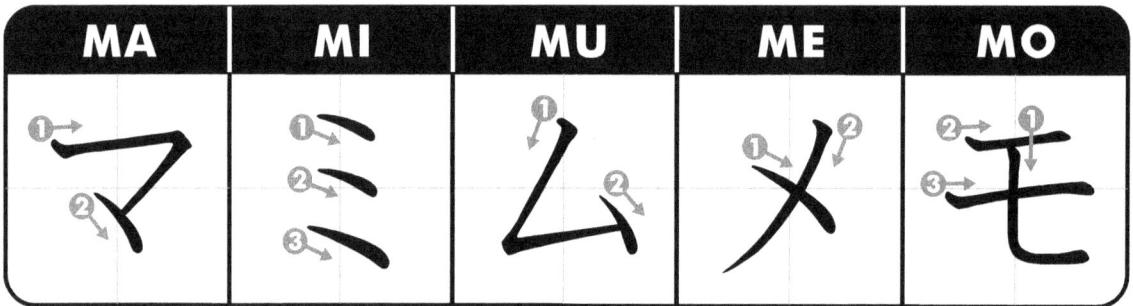

MA	MI	MU	ME	MO
マ	ミ	ム	メ	モ

7 | Estilos Varios スタイル

Escribe cada símbolo de forma ordenada, después compáralos con las diferentes versiones.

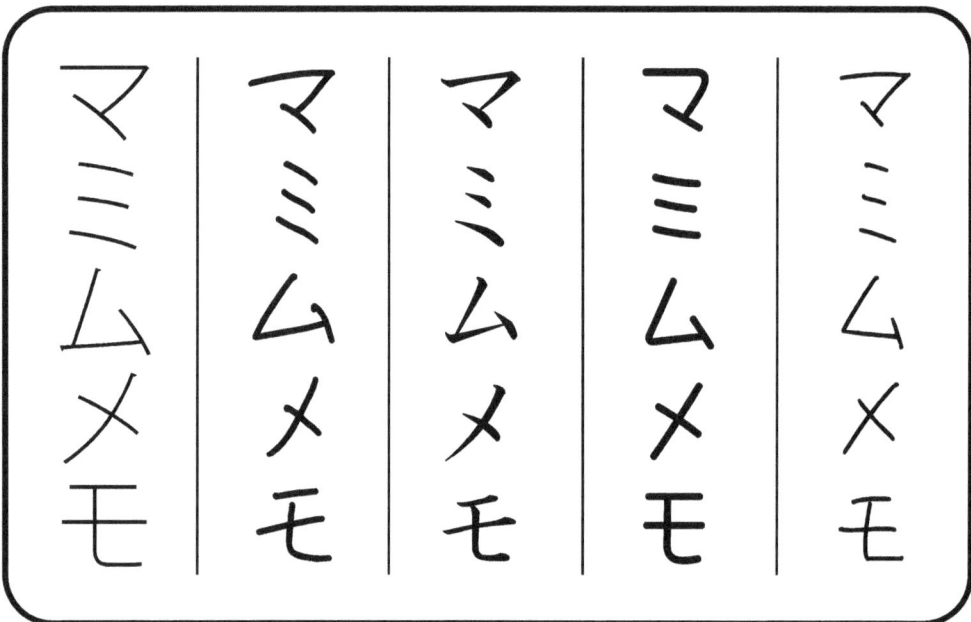

マ ミ ム メ モ
マ ミ ム メ モ
マ ミ ム メ モ
マ ミ ム メ モ
マ ミ ム メ モ

7 | Puntos de Escritura かくポイント

● **7-1. La diferencia entre ア (a) y マ (ma)**

Al escribir マ asegúrate de no escribir una ア accidentalmente.

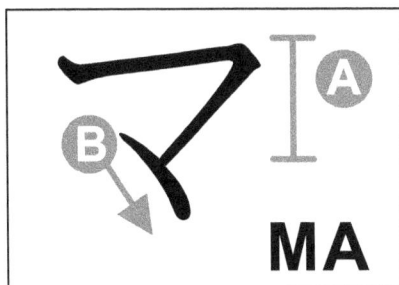

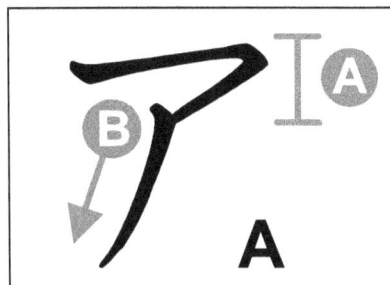

A) La altura de la porción superior de マ (MA) es más de la mitad de la altura total del carácter, la altura ア (A) toma menos de la mitad.

B) Los ángulos de este trazo son diferentes para cada carácter. Los tipos de trazo también son diferentes; マ (MA) es un *detenido* and ア (A) es un *desvanecido*.

7 | Práctica de Escritura れんしゅう

Primero remarca sobre los caracteres en gris, luego escribe cada caracter seis veces.

ma	マ	マ						
mi	ミ	ミ						
mu	ム	ム						
me	メ	メ						
mo	モ	モ						

7 | Práctica de Palabras ことばの れんしゅう

Rellena el katakana correcto en las líneas de cada palabra.

1. __‒ru アドreス (dirección de correo)
   me

2. __イク (maquillaje)
   me

3. __‒ター (motor)
   mo

4. __nガ (manga, comics)
   ma

5. ハ__サnド (sándwich de jamón)
   mu

6. __サイru (misil)
   mi

7. __ットreス (colchón)
   ma

8. ナトriウ__ (sodio)
   mu

9. アru __ (aluminio)
   mi

10. __ナ‒__‒ド (modo silencio)
    ma   mo

11. __‒ru (centro comercial)
    mo

12. __nバ‒ (miembro)
    me

7 | Palabras Que Puedes Escribir かける ことば

Escribe las siguientes palabras usando los katakanas que acabas de aprender.

letra "M"

エ	ム									

jamón

ハ	ム									

memorándum

メモ

mini

ミニ

durazno

モモ

partido, lucha

マッチ

juego

ゲーム

tema

テーマ

máscara

マスク

domo

ドーム

tomate

ト	マ	ト									

comunicación masiva

マ	ス	コ	ミ								

película

ム	ー	ビ	ー								

monitor

モ	ニ	タ	ー								

metro

メ	ー	タ	ー								

con estilo

ス	マ	ー	ト								

Terminator (la película)

タ	ー	ミ	ネ	ー	タ	ー						

7 | Une Los Puntos Katakana カタカナ マッチング

Conecta los puntos entre cada katakana y el romaji correcto.

ヌ・   ・mu

モ・   ・mi

メ・   ・nu

ニ・   ・ma

ミ・   ・o

マ・   ・mo

オ・   ・me

ム・   ・ni

7 | Palabras de Uso Diario en Katakana にちじょうの ことば

マクドナruド
McDonald's

ミミズ
gusano

ガム
chicle

メron
melón

モバイru
celular

ママ
mamá

7 | Clave de Respuestas こたえ あわせ

Práctica de Palabras (clave)

1. メー ru アドreス
2. メイク
3. モーター
4. マnガ
5. ハムサnド
6. ミサイru
7. マットreス
8. ナトriウmu
9. アruミ
10. マナーモード
11. モーru
12. メnバー

Une Los Puntos Katakana (clave)

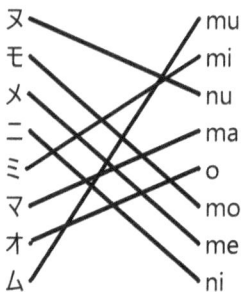

ヌ — mu
モ — mi
メ — nu
ニ — ma
ミ — o
マ — mo
オ — me
ム — ni

7 | Hoja de Práctica de Katakana れんしゅう

マ	マ						
ミ	ミ						
ム	ム						
メ	メ						
モ	モ						
ム	ム						
メ	メ						
メ	メ						
モ	モ						
モ	モ						

8 Lección 8:
Katakana ヤユヨワヲン

8 | Katakanas Nuevos あたらしい カタカナ

Usar el orden correcto de los trazos significará mejores caracteres al escribir rápido.

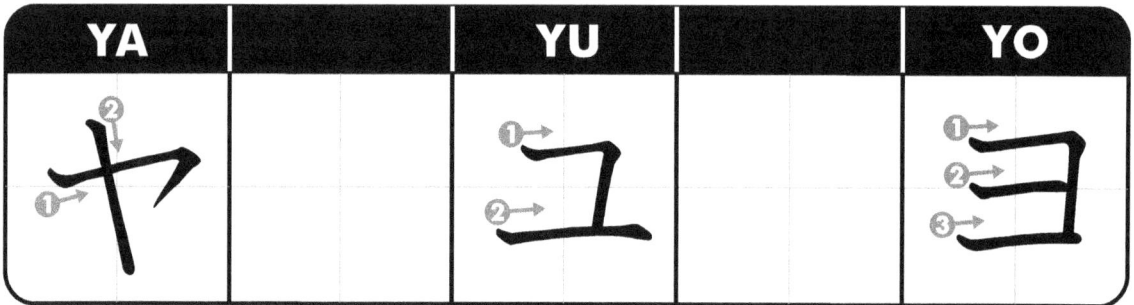

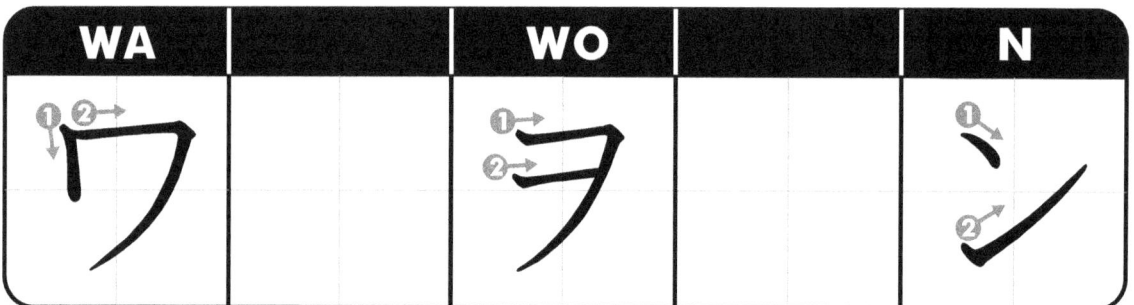

YA		YU		YO
ヤ		ユ		ヨ

WA		WO		N
ワ		ヲ		ン

8 | Estilos Varios スタイル

Escribe cada símbolo de forma ordenada, después compáralos con las diferentes versiones.

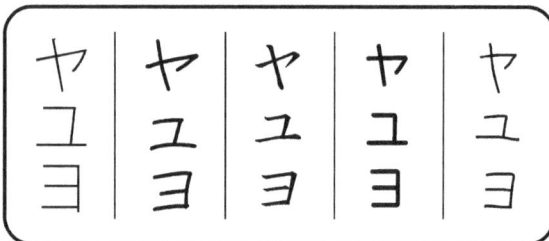

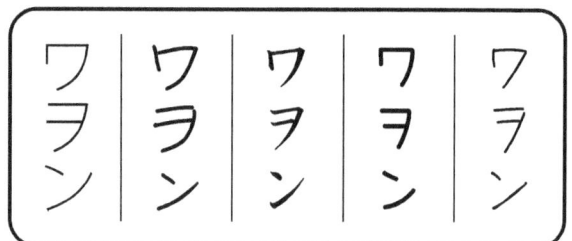

ヤ	ヤ	ヤ	ヤ	ヤ
ユ	ユ	ユ	ユ	ユ
ヨ	ヨ	ヨ	ヨ	ヨ

ワ	ワ	ワ	ワ	ワ
ヲ	ヲ	ヲ	ヲ	ヲ
ン	ン	ン	ン	ン

8 | Puntos de Escritura かくポイント

● 8-1. La diferencia entre ユ (yu) y コ (ko)

Al escribir ユ (yu) asegúrate de no escribir コ (ko) accidentalmente.

YU ユ El segundo trazo se extiende pasando el primero.

KO コ El segundo trazo se extiende muy poco o no se extiende en absoluto.

8 | Práctica de Escritura れんしゅう

Primero remarca sobre los caracteres en gris, luego escribe cada caracter seis veces.

ya	ヤ	ヤ					
yu	ユ	ユ					
yo	ヨ	ヨ					
wa	ワ	ワ					
wo	ヲ	ヲ					
n	ン	ン					

8 | Práctica de Palabras ことばの れんしゅう

Rellena el katakana correcto en las líneas de cada palabra.

1. ドraイ__ー (secadora)
      ya

2. デザイ__ (diseño)
         n

3. __ーroッパ (Europa)
   yo

4. __ニバーサru (universal)
   yu

5. タイ__ (neumático)
      ya

6. __ーザー (usuario)
   yu

7. __クチ__ (vacuna)
   wa   n

8. __ーモア (humor)
   yu

9. フri－ダイ__ru (número sin costo)
           ya

10. __イn (vino)
    wa

11. __ーグruト (yogur)
    yo

12. __タ (nerd)
    wo

8 | Uso Especial とくべつな つかいかた

● 8-2. La Partícula ヲ (wo)

El katakana ヲ es rara vez usado. Una de las únicas palabras en las que podrías verlo usado es ヲタ (versión corta de ヲタク que significa "nerd" o "entusiasta"). Aun así, incluso esta palabra a veces se escribe オタク sin utilizar el carácter ヲ.

En el raro caso de que estés jugando Zelda o algún otro videojuego de la "Famicon" (consola de Nintendo), o de un gameboy japonés, podrías ver este katakana ser usado como partícula (marcador de objeto). El carácter "wo" puede ser pronunciado como "o", pero オ nunca puede reemplazar a ヲ como partícula.

Nota: La partícula "wo" es cubierta en *Japonés ¡Desde Cero! 1.*

8 | Palabras Que Puedes Escribir かける ことば

Escribe las siguientes palabras usando los katakanas que acabas de aprender.

pan

パ	ン										

Utah (estado)

ユ	タ										

torre

タ	ワ	ー								

yate

ヨ	ッ	ト								

combinación

コ	ン	ビ								

firma

サ	イ	ン								

moneda

コ	イ	ン								

cuento, obra corta

コ	ン	ト							

Word (Microsoft Office)

ワード

otaku

ヲタク

juventud

ユース

un hombre (un autobús operado por un solo hombre)

ワンマン

yo-yo

ヨーヨー

tocino

ベーコン

won ton (sopa)

ワンタン

ladrido de perro

ワンワン

martillo

ハンマー

8 | Une Los Puntos Katakana カタカナ マッチング

Conecta los puntos entre cada katakana y el romaji correcto.

ツ・   ・yu
テ・   ・te
ユ・   ・tsu
シ・   ・so
ヨ・   ・ha
ヤ・   ・shi
ソ・   ・yo
ハ・   ・ya

8 | Palabras de Uso Diario en Katakana にちじょうの ことば

ヨガ
yoga

ユ ri
lirio

タイワン
Taiwan

ワシントン
Washington

ダイヤモンド
diamante

ヤギ
cabra

8 | Clave de Respuestas こたえ あわせ

Práctica de Palabras (clave)

1. ドraイヤー
2. デザイン
3. ヨーroッパ
4. ユニバーサru
5. タイヤ
6. ユーザ
7. ワクチン
8. ユーモア
9. フri−ダイヤru
10. ワイン
11. ヨーグruト
12. ヲタ

Une Los Puntos Katakana (clave)

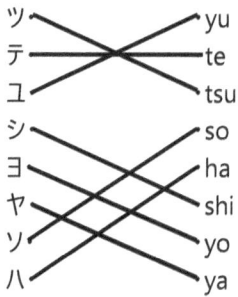

ツ — tsu
テ — te
ユ — yu
シ — shi
ヨ — yo
ヤ — ya
ソ — so
ハ — ha

8 | Hoja de Práctica de Katakana れんしゅう

ヤ	ヤ						
ユ	ユ						
ヨ	ヨ						
ヘ	ヘ						
ワ	ワ						
ヲ	ヲ						
ン	ン						

9 Lección 9:
Katakana ラリルレロ

9 | Katakanas Nuevos あたらしい カタカナ

Usar el orden correcto de los trazos significará mejores caracteres al escribir rápido.

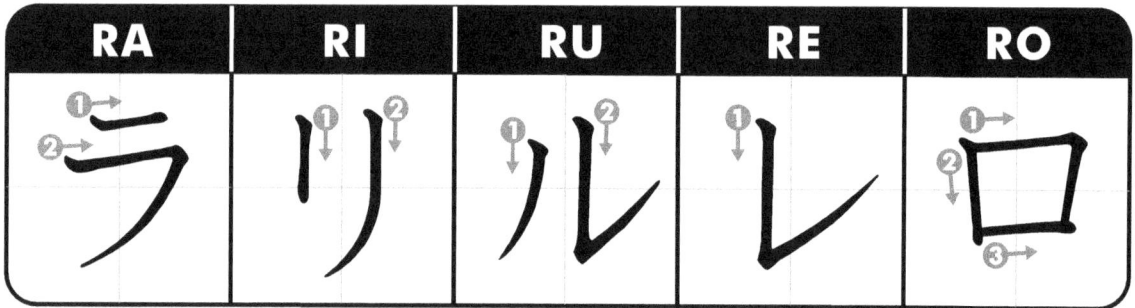

RA	RI	RU	RE	RO
ラ	リ	ル	レ	ロ

9 | Estilos Varios スタイル

Escribe cada símbolo de forma ordenada, después compáralos con las diferentes versiones.

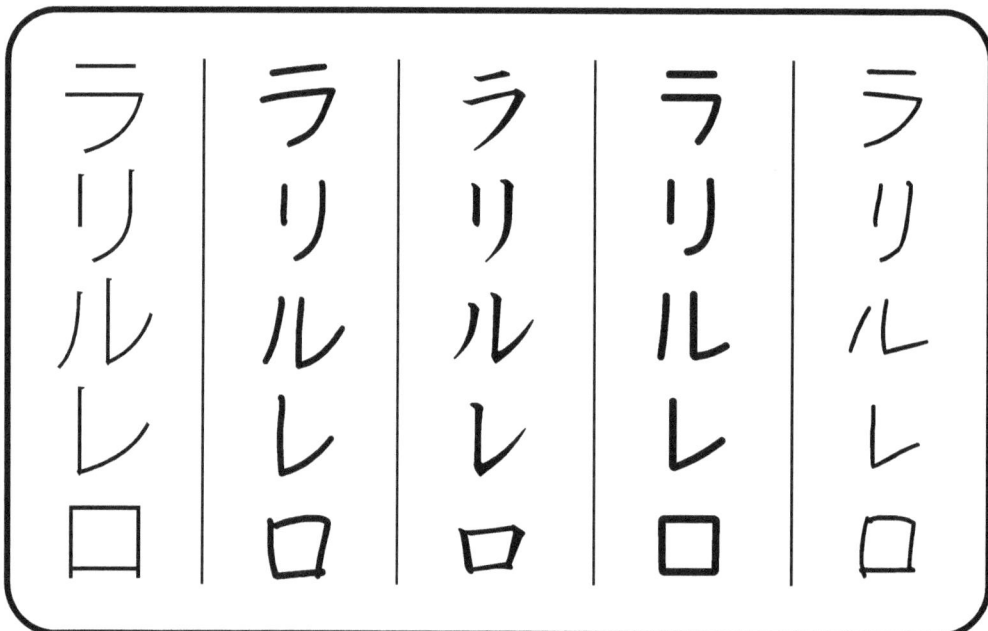

ラ リ ル レ ロ

9 Práctica de Escritura れんしゅう

Primero remarca sobre los caracteres en gris, luego escribe cada caracter seis veces.

ra	ラ	ラ						
ri	リ	リ						
ru	ル	ル						
re	レ	レ						
ro	ロ	ロ						

9 Práctica de Palabras ことばの れんしゅう

Rellena el katakana correcto en las líneas de cada palabra.

1. __ストラン (restaurante)
    re

2. タオ__ (toalla)
    ru

3. __ーメン (ramen)
    ra

4. バ__ー (voleibol)
    re

5. ウー__ (lana)
    ru

6. モノ__ー__ (monoriel)
    re ru

7. ヘ__メット (casco)
    ru

8. __ープ (cuerda)
    ro

9. バ＿＿ンス (balance)
ra

10. インテ＿＿ (inteligencia)
ri

11. ＿＿シア (Rusia)
ro

12. アイド＿＿ (idol)
ru

9 | Palabras Que Puedes Escribir かける ことば

Escribe las siguientes palabras usando los katakanas que acabas de aprender.

raro

レ	ア									

cinta

リ	ボ	ン							

bola

ボ	ー	ル							

lechuga

レ	タ	ス							

real

リ	ア	ル							

rubí

ル	ビ	ー							

rally

ラ | リ | ー

deformación

ワ | ー | プ

robot

ロ | ボ | ッ | ト

lección

レ | ッ | ス | ン

fruta

フ | ル | ー | ツ

control remoto

リ | モ | コ | ン

cohete

ロ | ケ | ッ | ト

león

ラ | イ | オ | ン

repetir

リ | ピ | ー | ト

9 | Une Los Puntos Katakana カタカナ マッチング

Conecta los puntos entre cada katakana y el romaji correcto.

ル・	・chi
レ・	・mi
リ・	・ra
イ・	・re
チ・	・ro
ミ・	・i
ロ・	・ru
ラ・	・ri

9 | Palabras de Uso Diario en Katakana にちじょうの ことば

サングラス
lentes de sol

セロテープ
cinta de celofán

ソフトクリーム
helado

リモコン
control remoto

クレジットカード
tarjeta de crédito

ランプ
lámpara

9 | Clave de Respuestas こたえ あわせ

Práctica de Palabras (clave)

1. レストラン
2. タオル
3. ラーメン
4. バレー
5. ウール
6. モノレール
7. ヘルメット
8. ロープ
9. バランス
10. インテリ
11. ロシア
12. アイドル

Une Los Puntos Katakana (clave)

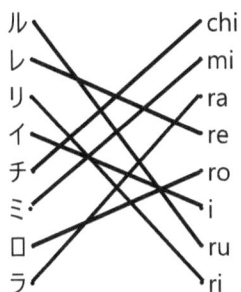

ル　　　chi
レ　　　mi
リ　　　ra
イ　　　re
チ　　　ro
ミ　　　i
ロ　　　ru
ラ　　　ri

9 | Hoja de Práctica de Katakana れんしゅう

ラ	ラ					
リ	リ					
ル	ル					
レ	レ					
ロ	ロ					
ラ	ラ					
リ	リ					
ル	ル					
レ	レ					
ロ	ロ					

10 Lección 10: Katakanas Compuestos

¡Los katakanas finales son fáciles! Hay solo 33 katakanas oficiales por aprender – pero no dejes que eso te intimide. Todos están hechos de katakanas que ya conoces. Solo con verlos deberías tener una idea del sonido que representan.

EJEMPLOS

キ (ki) + ヤ (ya)	=	キャ (kya)
シ (shi) + ュ (yu)	=	シュ (shu)
チ (chi) + ョ (yo)	=	チョ (cho)

10 | Puntos de Escritura かくポイント

● 10-1. La forma correcta de escribir katakanas compuestos

Al escribir katakanas compuestos, asegúrate de que el segundo caracter sea visiblemente más pequeño que el primero.

ROMAJI	CORRECTO	INCORRECT O
mya	ミャ	ミヤ
ryo	リョ	リヨ
chu	チュ	チユ
kya	キャ	キヤ
pya	ピャ	ピヤ

● 10-2. Separación de palabras en katakana

Cuando hay dos o más palabras en katakana en sucesión, a veces se coloca un punto pequeño entre ellas para separarlas. Esto es para que sea más fácil decir en donde termina una y empieza otra. Cuando escribes tu nombre, puedes poner un punto entre tu nombre y apellido para separarlos claramente. Este punto no es necesario, pero facilita la lectura.

EXAMPLES

ジョン・スミス (John Smith)
ケース・バイ・ケース (caso por caso)
ジョージ・ワシントン (George Washington)

● 10-3. Katakanas Compuestos
Los siguientes son katakanas compuestos.

キャ kya	キュ kyu	キョ kyo
ギャ gya	ギュ gyu	ギョ gyo
シャ sha	シュ shu	ショ sho
ジャ ja	ジュ ju	ジョ jo
チャ cha	チュ chu	チョ cho
ニャ nya	ニュ nyu	ニョ nyo

ヒャ hya	ヒュ hyu	ヒョ hyo
ビャ bya	ビュ byu	ビョ byo
ピャ pya	ピュ pyu	ピョ pyo
ミャ mya	ミュ myu	ミョ myo
リャ rya	リュ ryu	リョ ryo

10 Práctica de Escritura れんしゅう

Primero remarca sobre los caracteres en gris, luego escribe cada caracter seis veces.

KYA キャ

KYU キュ

KYO キョ

GYA	ギャ							
GYU	ギュ							
GYO	ギョ							

SHA	シャ							
SHU	シュ							
SHO	ショ							

JA	ジャ							
JU	ジュ							
JO	ジョ							

CHA	チャ							
CHU	チュ							
CHO	チョ							

NYA	ニャ						
NYU	ニュ						
NYO	ニョ						

HYA	ヒャ						
HYU	ヒュ						
HYO	ヒョ						

BYA	ビャ						
BYU	ビュ						
BYO	ビョ						

PYA	ピャ						
PYU	ピュ						
PYO	ピョ						

MYA	ミャ								
MYU	ミュ								
MYO	ミョ								

RYA	リャ								
RYU	リュ								
RYO	リョ								

10 | Práctica de Palabras ことばの れんしゅう

Rellena el katakana correcto en las líneas de cada palabra.

1. メッ___ (malla)
   shu

2. マニ___ア (manicure)
   kyu

3. ___ックサック (mochila)
   ryu

4. バー___ン (versión)
   jo

5. ___レンジ (desafío)
   cha

6. ___ーヨーク (Nueva York)
   nyu

7. ___コレート (chocolate)
   cho

8. ナ___ラル (natural)
   chu

9. ___ンブル　(juego (apuestas))
gya

10. ___ラメル　(caramelo)
kya

11. ___ーマン　(humano)
hyu

12. ___ーリップ　(tulipán)
chu

10 | Palabras Que Puedes Escribir かける ことば

Escribe las siguientes palabras usando los katakanas que acabas de aprender.

puro

| ピ | ュ | ア | | | | | | | | | |

col

| キ | ャ | ベ | ツ | | | | | | | | |

jugo

| ジ | ュ | ー | ス | | | | | | | | |

elección

| チ | ョ | イ | ス | | | | | | | | |

caviar

| キ | ャ | ビ | ア | | | | | | | | |

broma

| ジ | ョ | ー | ク | | | | | | | | |

menú

| メ | ニ | ュ | ー | | | | | | | | |

chance

| チ | ャ | ン | ス | | | | | | | | |

regadera

| シ | ャ | ワ | ー | | | | | | | | |

salto

| ジ | ャ | ン | プ | | | | | | | | |

mochila

| リ | ュ | ッ | ク | | | | | | | | |

fusible

| ヒ | ュ | ー | ズ | | | | | | | | |

10 | Une Los Puntos Katakana カタカナ マッチング

Conecta los puntos entre cada katakana y el romaji correcto.

ギャ・	・ja
ニュ・	・cho
ジャ・	・rya
ピョ・	・nyu
リャ・	・pyo
チョ・	・myu
ミュ	・ju
ジュ・	・gya

10 | Palabras de Uso Diario en Katakana にちじょうの ことば

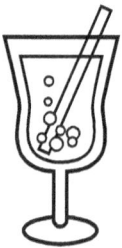

ジュース
jugo

ニュース
noticias

コンピューター
computadora

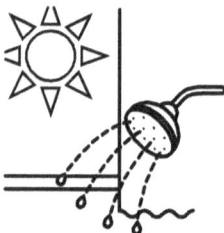

シャワー
regadera

ジャケット
chamarra

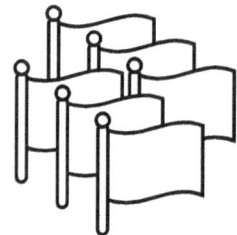

インターナショナル
internacional

10 | Clave de Respuestas こたえ あわせ

Práctica de Palabras (clave)

1. メッシュ
2. マニキュア
3. リュックサック
4. バージョン
5. チャレンジ
6. ニューヨーク
7. チョコレート
8. ナチュラル
9. ギャンブル
10. キャラメル
11. ヒューマン
12. チューリップ

Une Los Puntos Katakana (clave)

ギャ / ニュ / ジャ / ピョ / リャ / チョ / ミュ / ジュ

ja / cho / rya / nyu / pyo / my / ju / gya

10 | Hoja de Práctica de Katakana れんしゅう

キャ	キャ							
キュ	キュ							
キョ	キョ							
ギャ	ギャ							
ギュ	ギュ							
ギョ	ギョ							
シャ	シャ							
シュ	シュ							
ショ	ショ							
ジャ	ジャ							
ジュ	ジュ							
ジョ	ジョ							

チャ	チャ								
チュ	チュ								
チョ	チョ								
ニャ	ニャ								
ニュ	ニュ								
ニョ	ニョ								
ヒャ	ヒャ								
ヒュ	ヒュ								
ヒョ	ヒョ								
ビャ	ビャ								
ビュ	ビュ								
ビョ	ビョ								

ピャ	ピャ							
ピュ	ピュ							
ピョ	ピョ							
ミャ	ミャ							
ミュ	ミュ							
ミョ	ミョ							
リャ	リャ							
リュ	リュ							
リョ	リョ							

11 Las Bases 11:
Katakanas Únicos

El katakana es único porque representa palabras que son de origen extranjero. Debido a esto, hay algunas combinaciones en el katakana que no son usadas normalmente en el hiragana.

Éstas son unas de las combinaciones posibles.

Katakana	Romaji
ティ	ti
ディ	di
チェ	che
トゥ	tu
ドゥ	du
シェ	she
ジェ	je
ヴァ	va
ウィ	wi
ウェ	we
ウォ	wo
ファ	fa
フィ	fi
フェ	fe
フォ	fo

11 Práctica de Palabras ことばの れんしゅう

Rellena el katakana correcto en las líneas de cada palabra.

1. ___ットコースター (montaña rusa)
   je

2. ブルー___ス (bluetooth)
   tu

3. ___リピン (philippines)
   fi

4. パー___クト (perfecto)
   fe

5. ___イク (sacudir)
   she

6. ネグリ___ (negligé)
   je

7. ___キピ___ア (Wikipedia)
   wi   di

8. ソフト___アー (software)
   we

9. ___イアー___ール (firewall)
   fa   wo

10. ___ラシー (celos)
    je

11. ___ミレス (restaurante familiar)
    fa

12. ___スカウント (descuento)
    di

11 Palabras Que Puedes Escribir かける ことば

Escribe las siguientes palabras usando los katakanas que acabas de aprender.

té

ティ	ィ	ー									

web

ウ	ェ	ブ									

violonchelo

チ	ェ	ロ									

Wii (Nintendo)

ウィー

guiño (ojo)

ジェーン

sofá

ソファー

tenedor

フォーク

hoy

トゥデイ

Noruega

ノルウェー

pañuelo

ティッシュ

CD

シーディー

rasuradora

シェイバー

11 | Une Los Puntos Katakana カタカナ マッチング

Conecta los puntos entre cada katakana y el romaji correcto.

チェ・	・va
シェ・	・fo
フォ・	・tu
フィ・	・che
ウェ・	・she
ヴァ・	・fi
ディ・	・di
トゥ・	・we

11 | Palabras de Uso Diario en Katakana にちじょうの ことば

キャンディー
dulce

ウェルダン
bien cocido

ティー
té

ファッション
moda

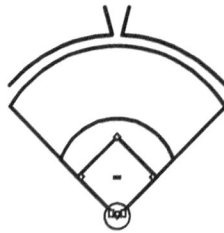

フィールド
area

ジェット
jet

11 Clave de Respuestas こたえ あわせ

Práctica de Palabras (clave)

1. ジェットコースター
2. ブルートゥース
3. フィリピン
4. パーフェクト
5. シェイク
6. ネグリジェ
7. ウィキペディア
8. ソフトウェー
9. ファイアーワォール
10. ジェラシー
11. ファミレス
12. ディスカウント

Une Los Puntos Katakana (clave)

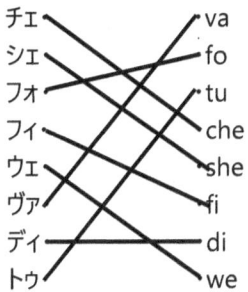

チェ   va
シェ   fo
フォ   tu
フィ   che
ウェ   she
ヴァ   fi
ディ   di
トゥ   we

12 Lección 12:
El Siguiente Paso

¡Felicidades por aprender katakana!

Aquí hay algunos consejos para ayudarte a reforzar lo que has aprendido:

● 12-1. ¡Usemos katakana en nuestra vida diaria!

Escribe palabras en hiragana en notas adhesivas, y luego pégalas en objetos alrededor de tu casa, puedes incluso escribir ソルト y ペッパー en tu salero y pimentero con un marcador. Esto reforzará tus habilidades incluso cuando no lo estés pensando.

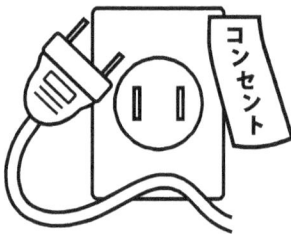

.

● 12-2. ¡Busca katakana en todas partes!

Cada periódico japones, revista, y sitio web usa muchos katakanas. Observa e intenta ver cuantas palabras en katakana puedes descifrar. Te sorprenderá la cantidad de palabras que "Japonesas" que sabes ahora que puedes leer katakana.

● 12-3. ¡Sigue aprendiendo!

Tu siguiente paso es empezar a aprender kanji. Has llegado hasta aquí, así que sigue avanzando. Gracias por estudiar katakana con *Katakana ¡Desde Cero!*. Estamos seguros de que disfrutaras otros libros de la serie *Japonés ¡Desde Cero!*.

George y Yukari Trombley – FromZero.com

(Esta página fue dejada en blanco a propósito)

Lección 13:
Tarjetas de Katakana

Las siguientes páginas pueden ser recortadas para hacer tarjetas. También puedes cambiar de página para ver si reconoces el katakana.

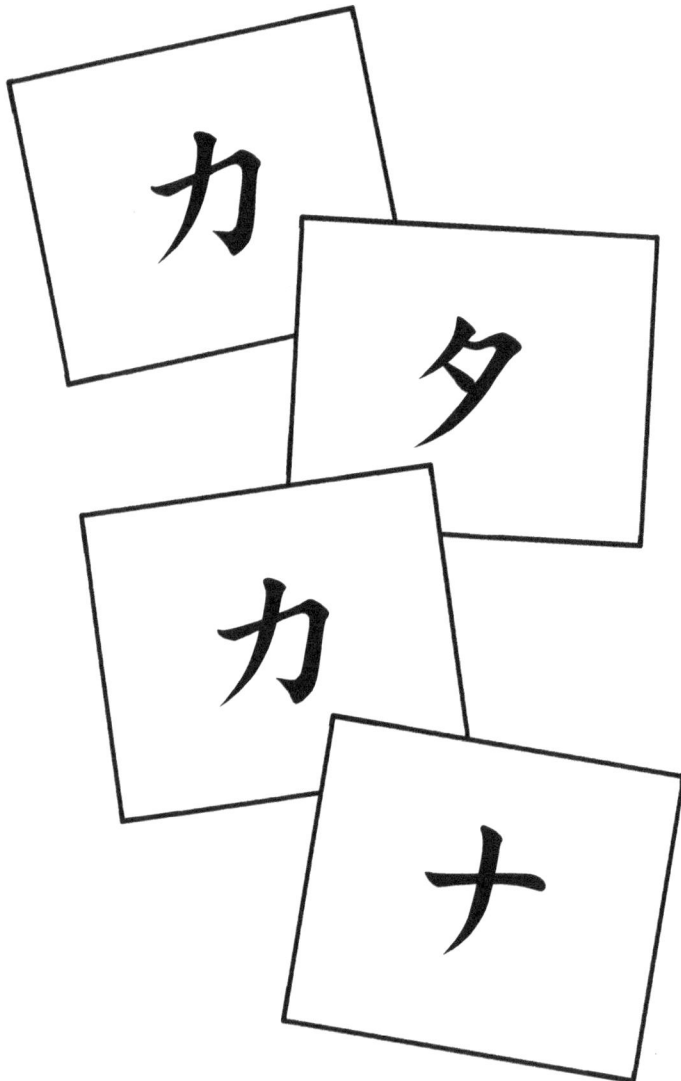

カ

タ

カ

ナ

ア	カ	ガ
イ	キ	ギ
ウ	ク	グ
エ	ケ	ゲ
オ	コ	ゴ

ga   ka   a

gi   ki   i

gu   ku   u

ge   ke   e

go   ko   o

サ	ザ	タ
シ	ジ	チ
ス	ズ	ツ
セ	ゼ	テ
ソ	ゾ	ト

ta	za	sa
chi	ji	shi
tsu	zu	su
te	ze	se
to	zo	so

ダ	ナ	ハ
ヂ	ニ	ヒ
ヅ	ヌ	フ
デ	ネ	ヘ
ド	ノ	ホ

ha	na	da
hi	ni	ji
fu	nu	zu
he	ne	de
ho	no	do

バ	パ	マ
ビ	ピ	ミ
ブ	プ	ム
ベ	ペ	メ
ボ	ポ	モ

ma	pa	ba
mi	pi	bi
mu	pu	bu
me	pe	be
mo	po	bo

ヤ	ル	ン
ユ	レ	キャ
ヨ	ロ	キュ
ラ	ワ	キョ
リ	ヲ	ギャ

n	ru	ya
kya	re	yu
kyu	ro	yo
kyo	wa	ra
gya	wo	ri

ギュ	ジャ	チョ
ギョ	ジュ	ニャ
シャ	ジョ	ニュ
シュ	チャ	ニョ
ショ	チュ	ヒャ

cho   ja   gyu

nya   ju   gyo

nyu   jo   sha

nyo   cha   shu

hya   chu   sho

ヒュ	ピャ	ミョ
ヒョ	ピョ	リャ
ビャ	ピュ	リュ
ビュ	ミャ	リョ
ビョ	ミュ	ー

myo   pya   hyu

rya   pyo   hyo

ryu   pyu   bya

ryo   mya   byu

Esto duplica el
sonido del Katakana
al que sigue.

myu   byo

ティ	ファ	チェ
ディ	フィ	トゥ
シェ	フェ	ドゥ
ジェ	フォ	
ヴァ	ウェ	

che   fa   ti

tu   fi   di

du   fe   she

               fo   je

               we   va

Más Libros ¡Desde Cero!

Próximamente

出力日： 2022-05-08

www.ingramcontent.com/pod-product-compliance
Lightning Source LLC
LaVergne TN
LVHW061225060426
835509LV00012B/1430